災害ソーシャルワークの可能性
学生と教師が被災地でみつけた ソーシャルワークの魅力

福祉系大学経営者協議会 = 監修
遠藤洋二・中島修・家髙将明 = 編著

中央法規

はじめに

　私ども福祉系大学経営者協議会（略して福経協）は、福祉系大学の経営者（理事長、学長）が一堂に会し、互いの連携・協力関係を強めるための「共同の取り組み」について協議し、合意ができたら直ちにそれを実行に移す、という強い意志に基づいて結成された組織です。2009（平成21）年6月29日に設立され、現在（2017（平成29）年6月時点で）24大学が加盟しています。

福祉系大学経営者協議会会長
丸山悟

　福経協は、連携・協力のために必要な情報の交換や研修の機会を設けることを重視していますが、同時に、ソーシャルワークの価値・役割についての社会的理解を促す事業、ソーシャルワーカーの社会的評価や地位の向上に寄与する事業等の、社会的にインパクトのある活動を強めることにも注力しています。

　その意味で、東日本大震災の翌年の2012（平成24）年2月からスタートして足かけ5年、八次にわたる「プロジェクト」の派遣を行った福経協「復興支援委員会」の取り組みをベースにして、ここに1冊の本が上梓されましたことは、至上とも言える格別の喜びであり、紙数の関係でお名前をあげることはできませんが、「プロジェクト」にかかわられた関係者の皆様に、こころより感謝申し上げます。

　この「プロジェクト」は、岩手、宮城、福島の被災地3県での、震災が起こった直後および被災・避難生活開始後のソーシャルワーカーの活動を、ソーシャルワーカーの卵としての学生が聞き取り、その記録を大学に持ち帰って討議、整理して、"語り部"として学内外の人々に「ソーシャルワーカーの"声"を伝える」プロジェクト（略して「"声"プロジェクト」）のことをいいます。

　では、「"声"プロジェクト」の活動をベースにした、この1冊の書物

には、どのような特色があるのでしょうか。この1冊には、どのような貴重な「教訓」を「世」にもたらすものとなっているのでしょうか。

　「意図」レベルでの特色としては、次の二つのことがあると言えます。

　一つは、「大規模災害時のソーシャルワーカーの活動記録」として体系化されたものは、これまでほとんど「世」に出ておらず、自然災害の多いわが国において、これからの「災害ソーシャルワーク」を考え、実践に活かすうえでの貴重な、体系的な「モデル」あるいは「ツール」になる可能性があるということです。

　もう一つは、「教育を捨てた」という言葉が出てきますが、学生の学びと気づきにおける、「経験」の「二重の言語化」作用の効果にかかわる、新しい実践型「教育論」の登場です。

　今回は、ソーシャルワークの振り返りを行った当事者と、"語り部"として「世」に「ソーシャルワーカーの"声"を伝える」学生の、二重の言語化の過程を経た概念化の試みが行われています。「事業」継承、世代間伝承のうえで欠かせない、二様の言語化の"フィルター"を通過させた理論構築の試みが行われています。

　これらの「モデル」および「方法」がどれだけソーシャルワークや教育論として有効であったかは、賢明な読者諸兄の判断・評価にゆだねるしかないのですが、一つの意欲作が「世」に出たことは確かで、これからの福祉と教育の進化に、何らかの形でつなげていくことができれば、と願っています。

2017年7月

目次

はじめに

第Ⅰ部 ソーシャルワーカーの"声"を伝える

第1章 ソーシャルワーカーの"声"を伝える ……………………… 2
- **1** 「ソーシャルワーカーの"声"プロジェクト」誕生まで ………… 2
- **2** フィールドワーク …………………………………………… 6
- **3** フィールドワークの成果を分析する ……………………… 11

第2章 インタビューからみた災害ソーシャルワーク ………… 14

2-1 関西福祉科学大学の報告 ……………………………… 14
- **1** 石巻市の被災状況 ………………………………………… 14
- **2** プロフィール ……………………………………………… 15
- **3** 高橋了氏へのインタビュー録(抜粋) …………………… 15
- **4** インタビューを終えての学生の声 ……………………… 20
- **5** インタビューを終えての教員からのコメント ………… 22
- **6** インタビュー対象者の声 ………………………………… 24

2-2 文京学院大学の報告 …………………………………… 26
- **1** 石巻市雄勝地区の被災状況 ……………………………… 26
- **2** プロフィール ……………………………………………… 26
- **3** 鈴木健太氏へのインタビュー録(抜粋) ………………… 27
- **4** インタビューを終えての学生の声 ……………………… 30
- **5** インタビューを終えての教員からのコメント ………… 31
- **6** インタビュー対象者の声 ………………………………… 32

2-3 淑徳大学の報告 ………………………………………… 33
- **1** 陸前高田市の被災状況 …………………………………… 33
- **2** プロフィール ……………………………………………… 34

3 菅野好子氏へのインタビュー録（抜粋） 34
　　　4 インタビューを終えての学生の声 38
　　　5 インタビューを終えての教員からのコメント 39
　　　6 インタビュー対象者の声 40
　2-4 日本福祉大学の報告 42
　　　1 山田町の被災状況 42
　　　2 プロフィール 42
　　　3 瀬戸浩氏へのインタビュー録（抜粋） 43
　　　4 インタビューを終えての学生の声 47
　　　5 インタビューを終えての教員からのコメント 49
　　　6 インタビュー対象者の声 49
　2-5 日本社会事業大学の報告 51
　　　1 いわき市の被災状況 51
　　　2 プロフィール 51
　　　3 新妻寿雄氏へのインタビュー録（抜粋） 52
　　　4 インタビューを終えての学生の声 56
　　　5 インタビューを終えての教員からのコメント 57
　　　6 インタビュー対象者の声 57

第3章 **語り部活動の取り組みと意義** 59
　　1 語り部活動の位置づけ 59
　　2 語り部活動の取り組み 61
　　3 語り部活動の意義 67

第4章 **被災3県の社会福祉士会からのメッセージ** 69
　4-1 宮城県社会福祉士会からのメッセージ 69
　　　1 災害支援活動と「ソーシャルワーカーの"声"プロジェクト」の
　　　　受け入れ経緯 69
　　　2 受け入れにあたっての目的設定と実施経過 70

| 3 | 学生側のプロジェクト成果とその評価 ………………… 71
| 4 | 当会の評価と総括 ……………………………………… 72

4-2 福島県社会福祉士会からのメッセージ ……………………… 74
　　　はじめに …………………………………………………… 74
| 1 | 福島の今 …………………………………………………… 74
| 2 | 福島県社会福祉士会では〜被災者・避難者支援〜 ………… 75
| 3 | 「ソーシャルワーカーの"声"プロジェクト」に協力して …… 76
　　　まとめにかえて〜これからのこと ……………………… 77

4-3 岩手県社会福祉士会からのメッセージ ……………………… 79
| 1 | 発災後の初動体制(岩手県社会福祉士会の取り組み) ……… 79
| 2 | プロジェクトの受け入れの経緯 ………………………… 81
| 3 | プロジェクトの意義 ……………………………………… 81
　　　おわりに ………………………………………………… 83

第Ⅱ部　災害ソーシャルワークを考える

第1章　災害時におけるソーシャルワークの機能と役割
　　　　　―災害ソーシャルワークから専門性を問う― ……… 86
　　　はじめに …………………………………………………… 86
| 1 | ソーシャルワークの基本的視点と実践 …………………… 87
| 2 | 災害時における「生きる意味」へのソーシャルワーク支援 … 90
| 3 | 災害時におけるソーシャルワークの役割 ………………… 92
　　　おわりに ………………………………………………… 99

第2章　復興支援と社会福祉協議会 …………………………… 102
| 1 | 社会福祉協議会とは ……………………………………… 102
| 2 | 災害ボランティアセンター ……………………………… 103

3 生活支援相談員 ……………………………………………………… 106
謝辞 ………………………………………………………………… 111

第3章 被災状況にみる災害ソーシャルワークの必要性 ………… 112
はじめに …………………………………………………………… 112
1 東日本大震災死亡者にみる福祉支援の必要性 ………………… 112
2 災害時に求められるソーシャルワーク機能 …………………… 117
3 震災関連死にみる災害時における福祉的支援の必要性 …… 118
おわりに～災害派遣福祉チームによる災害時における
福祉支援～ ………………………………………………………… 120

第4章 災害時要援護者支援としてのソーシャルワーク ………… 123
1 自然災害と災害時要援護者 ……………………………………… 123
2 災害時要援護者に対する支援策 ………………………………… 125
3 災害時要援護者支援におけるソーシャルワークの可能性 … 130
おわりに …………………………………………………………… 134

第5章 「ソーシャルワーカーの"声"プロジェクト」の教育的効果とソーシャルワーク教育における災害ソーシャルワーク導入の意義 ………… 137
はじめに～学生のソーシャルワークへの気づきと
教育的効果～ ……………………………………………………… 137
1 被災地の生活に触れ復興支援の厳しさを学ぶ ………………… 140
2 被災地の災害ソーシャルワーク実践に学ぶ …………………… 141
3 ソーシャルワーク教育における災害ソーシャルワークの
位置づけ …………………………………………………………… 142
4 災害ソーシャルワークの実態化をめざして …………………… 145

第6章 被災地におけるソーシャルワーカーのレジリエンス … 148
はじめに …………………………………………………………… 148

1 被災するということ	149
2 被災当初からの学びの連続	150
3 人が回復するということ	151
4 リフレクションからその先へ	154
おわりに	155

第7章 災害ソーシャルワークと災害ボランティア …… 157

はじめに	157
1 災害ソーシャルワーク	158
2 災害ボランティア	162
3 災害ソーシャルワークと災害ボランティアの異同	165
4 災害時におけるこころのケア	167

第8章 災害復興支援とコミュニティづくり
〜「生活支援員」の取り組みから〜 …… 171

はじめに	171
1 コミュニティとは	172
2 コミュニティづくりと「生活支援員」の取り組み	175
おわりに	180

資料 …… 183

1 各県の被害状況	184
2 避難生活	189
3 復興	196

あとがき …… 202

監修・編集・執筆者一覧 …… 205

第Ⅰ部

ソーシャルワーカーの"声"を伝える

- **第1章** ソーシャルワーカーの"声"を伝える
- **第2章** インタビューからみた災害ソーシャルワーク
  - **2-1** 関西福祉科学大学の報告
  - **2-2** 文京学院大学の報告
  - **2-3** 淑徳大学の報告
  - **2-4** 日本福祉大学の報告
  - **2-5** 日本社会事業大学の報告
- **第3章** 語り部活動の取り組みと意義
- **第4章** 被災3県の社会福祉士会からのメッセージ
  - **4-1** 宮城県社会福祉士会からのメッセージ
  - **4-2** 福島県社会福祉士会からのメッセージ
  - **4-3** 岩手県社会福祉士会からのメッセージ

第1章 ソーシャルワーカーの"声"を伝える

1 「ソーシャルワーカーの"声"プロジェクト」誕生まで

　東日本大震災が多くの国民にとって衝撃を与えたのは、その被害規模のみならず、巨大な津波が町並みを破壊する姿を、映像を通してリアルタイムで見たからではないでしょうか。それは、社会福祉士を目指す学生にとっても例外ではなく、震災からおよそ1か月後にはじまった新学期の話題は、もっぱら大震災であり、津波の恐ろしさでした。

　新学期最初のゼミで、大規模自然災害が発生したとき、「ソーシャルワーカーとして何ができるのか」と質問したところ、「ボランティアコーディネート」と「こころのケア」との答えが返ってきました。もちろんそれは大切な視点ですが、災害時におけるソーシャルワークをその二つに集約することに違和感を覚えました。これは裏を返せば、私たち教員が、災害とソーシャルワークの関係を学生に伝えてこなかったことにほかなりません。

　1995(平成7)年1月17日、阪神・淡路大震災が発生したとき、筆者は神戸市児童相談所(当時)に児童福祉司として勤務していました。地震発生直後、児童相談所職員は一時保護児童の避難、被災した児童養護施設の後方支援などの業務に従事しました。市職員は自動的に災害対策本部へ組み込まれますので、やがて、災害対策本部の業務である物資輸送、遺体安置など、ソーシャルワークとはかけ離れた役割を担っていました。緊急時には目の前にある仕事をすることは、公務員として当然ですが、多数存在するであろう要保護児童への支援(当時は、震災孤児等、多数の要保護児童が発生すると想定されていました)、被災したハイリスクな家庭に対する介入など、本来業務に関連する支援活動にあたることができないことに忸怩たる思いを抱いたことを覚えています。

やがて、人々が避難所の生活に落ち着いた頃、避難所訪問を繰り返すなかで、子どもたちの元気な姿が見られないことに気がつきました。ある小学校低学年の児童は、日がな1日1人でトランプ遊びをしていました。そこで、少しでも日常を取り戻すために、避難所の子どもを対象とした遊びのプログラムを行うことにしました。児童相談所だけではマンパワーが足りないので、兵庫県青少年団体連絡協議会に声をかけ、遊びのプログラムを企画、実施する青少年団体リーダーを集めてもらいました。児童相談所が避難所である小、中学校に交渉し、了解を得ることができた学校において、YMCA・少年団・ボーイスカウト等のリーダーが集団ゲームを行い、その間、児童福祉司・心理判定員（現在の児童心理司）が居住スペースをめぐり、遊びのプログラムに参加しない児童など、ハイリスクな児童への介入を試みました。振り返って考えると、それはソーシャルワーク的な活動といえるかもしれませんが、当時もその後も、「大規模自然災害時にソーシャルワーカーに何ができるのか」といった疑問に対して明確な答えが見出せないままでした。

東日本大震災からおよそ半年が経過した頃、福祉系大学経営者協議会[注1]（以下、「福経協」）では、復興支援を行うべく、関西福祉科学大学を委員長校とする特別委員会を立ち上げました。

福経協の関心事は、福祉専門職の認知向上と魅力の発信であり、そのことを災害支援活動に従事したソーシャルワーカーに重ね合わせるといくつかの課題が浮かび上がりました。

災害支援、特に発生直後の現場で活動する専門職として第一に思い浮かべることができる職種は、救急救命や救助にあたる医療チーム・消防・警察・自衛隊などです。今、危機に瀕している命を救うことが最優先であることは当然ですし、その現場で自らの危険を顧みず、救助活動にあたるそれらの専門職に対して、人々は高い評価を与えます。このように

注1　福祉系大学の経営に携わる責任者（理事長・学長）が一堂に会し、社会福祉専門職の社会的地位の向上、社会福祉についての社会的認知の向上、日本の社会を支える社会福祉人材養成教育の発展等を推進することを目的として2009（平成21）年6月29日設立されました。

ハードに人々の命を守る職種は、国民にわかりやすくメディアも注目します。しかしながら、ソーシャルワーカーのように人の暮らしにかかわる援助者の活動のような「静かに命に向き合う仕事」は目につきにくく、ソーシャルワークを学ぶ学生にとってもイメージが湧きにくいものなのでしょう。

　そこで、福経協の取り組みは、今回の大震災で支援活動を行ったソーシャルワーカーに焦点をあて、社会福祉士を目指す学生自らが、大規模自然災害におけるソーシャルワーカーの役割を明らかにし、ひいては、ソーシャルワーカーの必要性を社会に発信するとともに、参加した学生

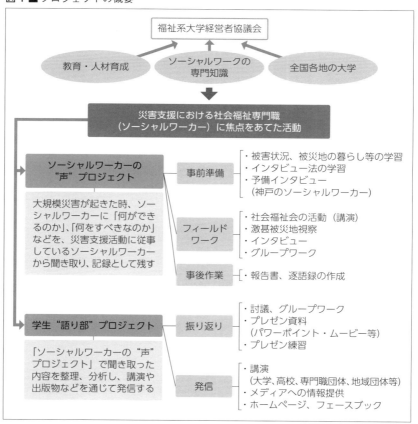

図1■プロジェクトの概要

がソーシャルワーカーの魅力を感じられるものにしようとしました。

そこで企画されたものが、以下の二つのプロジェクトです。

① ソーシャルワーカーの"声"プロジェクト

ソーシャルワーカーが災害時に「何ができるのか」、「何をすべきなのか」などを、実際に災害支援活動に従事しているソーシャルワーカーから学生が聞き取り、記録として残す。

② 学生"語り部"プロジェクト

「ソーシャルワーカーの"声"プロジェクト」で聞き取った内容を整理し、講演や出版物などを通じて発信する。

本プロジェクトを進めるにあたり、基本的な考え方を整理しました。

一つは、教育活動ではないことを確認したことです。大震災の爪痕が色濃く残る被災地で活動するにあたり、大学の責任で行うべき教育活動を、被災地で実施することにためらいがあったことです。それ以上に、学生が教員の策定したプログラムへ無批判に参加するのではなく、学生自らが主体的・積極的に参加するためには、「被災地で活動するソーシャルワーカーの姿をありのままにとらえ、学生目線で分析した結果を社会に伝える」というミッションを、学生と教員が協働して達成するといったスタイルをとりたかったことです。

二つ目は、東北3県で活動する際の立ち位置です。ややもすると学生は、被災地の状況や犠牲になった被災者の姿を垣間見て、情緒的に揺り動かされ、震災の悲惨さのみに着目しがちですが、プロジェクトのテーマは、ソーシャルワーカー視点である以上、学生には支援者の視点に立ち、「私であればどのような支援ができるか」を常に考えるよう求めました。

最後は、本プロジェクトは学術的研究活動ではないということです。ソーシャルワーカーの活動を抽象化・一般化するのではなく、生の声を聞き取り、そこから学生の感性を活かし、ソーシャルワーカーの思いも含めて今後の教訓を見出す、つまり、ナラティブな視点に立つということでした。

このような立ち位置で、プロジェクトはソーシャルワーカーへのインタビューを中核に据え進めてきました。インタビュー対象者については、

岩手・宮城・福島3県の社会福祉士会の協力を得ることができました。

多忙な業務に追われているソーシャルワーカーに、時間的、心理的負担をかけることに対して不安はありましたが、各社会福祉士会の受け止め方は好意的で、なかには、「本来なら自分たちでしなければならない振り返りを学生が行ってくれることはありがたい」とまで言っていただけました。

2 フィールドワーク

本プロジェクトに参加した大学は、東北3県で行うフィールドワークに先立ち、各大学で独自の事前学習を行いました。

関西福祉科学大学では、東日本大震災の被害状況、東北3県沿岸部の地理、インタビュー法を学習した後に、阪神・淡路大震災当時にソーシャルワーカーとして支援活動に従事した専門職への予備的なインタビューを実施しました。事前にガイドに沿ってインタビューを行う練習はしますが、実際のインタビュー場面では、話の展開に追いつけず、結果的に聞きたいことをほとんど質問することなく終わることが常でした。社会福祉を学ぶ学生は援助技術演習等で面接の仕方などをロールプレイなどを通して学習しており、人と話をすることには一定の自信をもっていましたが、思いどおりにいかないインタビューに面接技術の稚拙さを実感しました。

このような事前学習を経て、被災地の4泊5日のフィールドワークに行くことになります。

標準的なプログラムは、**表1**のとおりです。

初日のオリエンテーションでは、プロジェクトの目的を再確認するとともに、フィールドワークに臨む立ち位置について説明を加えました。プロジェクトは、大規模自然災害におけるソーシャルワーカーの機能・役割を学生の感性を通して摘み取り、それを社会に発信しようというものであり、一般的・抽象的なソーシャルワーカー像を見出そうとするも

表1 ■ フィールドワークの標準プログラム

日程		内容
1日目	60分	オリエンテーション
	120分	災害支援活動に従事したソーシャルワーカーによる講義
2日目	終日	激甚被災地訪問
3日目	終日	被害状況視察・インタビュー
4日目	終日	被害状況視察・インタビュー
5日目	180分	グループ討議

のではありません。したがって、重要なことは主体的・主観的な関与であって、常に一人称の視点で考えることを求めました。フィールドワークを行う際に、そのフィールド（場面）から心理的な距離をあけることで、冷静かつ客観的にその場面を観察、分析することが可能かもしれませんが、その場面に身を置き、「自分であれば何ができるか」を常に考えることで、自分なりの被災地におけるソーシャルワーカー像をつくり上げることができると考えたからです。

　プロジェクトにおける教員の役割は、サポーターであり、スーパーバイザーです。プレイヤーはあくまでも学生であり、学生の主体的活動を妨げないように留意しました。また、フィールドワークでは、津波の映像や災害犠牲者の話など、こころを揺さぶられる場面が数多くあり、学生自身にとってもトラウマティックな体験となりかねません。情緒的に揺さぶられる場面を避けるのではなく、対人援助専門職である一面をもつ教員のスーパービジョンのもと、悲惨な災害の実像に迫ってほしいと思っていました。ただ、その体験を感傷的な出来事に終わらせるのではなく、そのような場面においてもプロとして被災者支援を行うソーシャルワーカーの姿を見据えてほしいと思っていました。

　それを確かなものとするのが、3県の社会福祉士会から派遣された講師による講義です。講師の方々には、これから社会福祉士を目指す学生に対して、「思うがままのメッセージを伝えてほしい」と依頼しました。ソーシャルワーカーによる災害支援は構造化されたものではなく、まさに

戦場のような現場で、矛盾や葛藤を抱えながらの支援活動を赤裸々に語っていただきました。学生たちは、授業で聞く整理された、いわば"きれいなソーシャルワーク"ではなく、混乱のなかで目の前に現れたさまざまな課題に立ち向かう"泥臭いソーシャルワーク"の姿に魅了されたようです。

　２日目は、激甚被災地の視察です。視察先の被害状況などの基本的な情報は事前学習でも提供されているため、教員は特に解説を加えず現地に連れて行きます。学生は被災地を歩き、自らの五感を通して大規模災害の現実を受け止めていました。まちを歩くなかで住民から声をかけられ、話し込む姿もありました。また、多くの児童が犠牲となった学校跡では、遺族から、「何しに来たのか」と詰め寄られる場面もあったようです。その一つひとつの場面が、被災地の現実を表す出来事でした。

　３日目、４日目は、ソーシャルワーカーへのインタビューです。インタビューに先立ち、学生は可能な限りインタビュー対象者が活動する地域を歩き現状を把握することに努めました。インタビューはあらかじめ送付したインタビューガイドに沿って行い、了解を得たうえでICレコーダーに録音しました。これは、後にインタビューを行った学生がテキスト化することになります。

　学生たちは大学における事前学習だけではなく、インタビュー前日は深夜までその準備をしていましたが、自分たちが思い描くインタビューができるはずもなく、行きつ戻りつしながら進めていきました。むしろ、インタビュー対象者がリードする形で、ソーシャルワーカーが若者に伝えたいことを語っていただいたと思います。教員ではとても質問できない事柄でも、学生らしい無防備さで質問することで、生の声が聞けた場面もありました。教員は一切口を挟まず、インタビューはソーシャルワーカーと学生だけの世界観で進められていました。プロジェクト開始当初では、混乱状態をようやく脱した時期であり、ソーシャルワーカーがプロジェクトの目的についても疑問を呈することもありましたが、プロジェクトが継続されるにつけて、「自分たちの活動を振り返ることができた」、「本来は自らがしなければならないことを代わりに学生がしてくれてい

る」、「学生の真摯な姿に勇気づけられた」などの声が寄せられるようになりました。

　災害支援活動に従事した者で、十二分に職務を果たせたと言える人がどれだけいるでしょうか。誰もが不全感や無力感を覚えながら職務を遂行していたと思います。私たちは学生に対して、できなかったことに着目するのではなく、できたことに焦点をあてるよう助言してきました。つまり、「徹底的なポジティブフィードバック」を求めたわけです。インタビュー対象者は、プロのソーシャルワーカーですから自ら、あるいは職能団体において今後の災害支援に活かすための反省も含めた総括はするでしょう。それは、他者から指摘されるものではないはずです。本プロジェクトで追い求めたのは、過酷な状況で圧倒的無力感を抱きながら、懸命に人々の命を守っていたソーシャルワーカーの姿です。インタビューを通して学生はそれを確かにつかみ取り、そのようなソーシャルワーカーを"かっこいい"と表現し、自分たちも「そのようなソーシャルワーカーになる」と宣言していました。

　フィールドワーク後に行った専門職団体での報告会において、「ソーシャルワーカーをヒーロー視すべきではない」と指摘されたことに対して、ある学生が「ヒーロー視しているのではなく、苦しみながら泥まみれになり、支援し続けているソーシャルワーカーの姿を見て、素直に"かっこいい"と思った」と言っていたことを覚えています。彼らは、インタビューを通じて、ロールモデルを見出し、創造性と想像性に富んだソーシャルワークの魅力を発見しました。

　フィールドワークにおいては、毎日、振り返りとグループ討議を行いました。ソーシャルワークを学ぶ他大学の学生との交流も、学生にとっては刺激的なものでした。最終日は総括的なグループワークを行うことにしていました。言語表現が必ずしも得意ではない学生が、何とか言葉を見つけ、時には涙ながらに自らが得たものを開示するさまには、多くの参加者がこころを揺さぶられました。

　2012（平成24）年2月にスタートした同プロジェクトは、8回にわたり実施され、合計で215名の学生・教職員が参加し、70名のソーシャル

表2 ■ フィールドワーク参加者数

派遣次	年月日	活動場所	大学名	学生	教職員
第一次	2012年 3月12日～17日	宮城県	文京学院大学	4	2
			関西福祉科学大学	8	6
第二次	2012年 8月21日～25日	岩手県	淑徳大学	4	1
			中部学院大学	4	1
			日本社会事業大学	4	3
	2012年 9月3日～7日	宮城県	日本福祉大学	4	3
			文京学院大学	6	2
			関西福祉科学大学	4	3
第三次	2013年 3月3日～7日	宮城県	淑徳大学	4	2
			中部学院大学	4	1
			関西福祉科学大学	4	3
第四次	2013年 8月20日～24日	福島県	淑徳大学	4	3
			文京学院大学	2	4
			関西福祉科学大学	4	3
第五次	2014年 3月4日～8日	福島県	淑徳大学	4	2
			日本社会事業大学	4	1
			中部学院大学	4	1
		岩手県	日本福祉大学	4	1
			関西福祉科学大学	4	4
第六次	2014年 9月2日～6日	岩手県	淑徳大学	4	1
			文京学院大学	4	2
			関西福祉科学大学	5	2
		宮城県	日本福祉大学	7	1
			中部学院大学	4	1
			関西福祉科学大学	6	3
第七次	2015年 3月3日～7日	宮城県	中部学院大学	4	1
			関西福祉科学大学	5	3
第八次	2015年 9月1日～5日	福島県	淑徳大学	4	2
			中部学院大学	4	1
			日本福祉大学	5	2
		宮城県	文京学院大学	4	2
			関西福祉科学大学	9	3
合計				145	70

ワーカーにインタビューを実施しました。

　プロジェクトに参加した学生の多くは、ソーシャルワーカーというプロフェッションに希望と期待を見出し、自らが目指すべきキャリアとして明確に意識しました。ソーシャルワーカーとして現場で働きはじめた初期のメンバーを災害支援従事者研修で見かけたことがありましたが、災害ソーシャルワークの重要性が彼らのなかに根づいているとの印象を受けました。

3　フィールドワークの成果を分析する

　フィールドワークから帰った学生に待ち受けるのは、現地で得た知見を言語化・可視化し、他者に伝える準備をすることです。まずは、インタビューの録音をテキスト化することからはじめ、それを学生なりに整理・分析しました。学生たちは長時間の作業・議論を進めるなかで、災害ソーシャルワークの実像に近づこうとしました。「専門職としては何もできなかった」、「ただ目の前にある課題に対処しただけ」というインタビュー録から、「ソーシャルワーカーだからできたこと」、「専門職としての独自の視点」を見つけ出しました。

　2013（平成25）年2月に宮城県でフィールドワークを行った学生は、災害時におけるソーシャルワークの特徴を**表3**のようにまとめました。

　もちろん、彼らの分析が災害ソーシャルワークの全体像を示してはいませんが、大規模災害時にソーシャルワーカーだからこそできたことの一端を表しているのではないでしょうか。

　さらに彼らは、「ソーシャルワーカーは災害直後から生き残った人々の命を静かに守っている」と言っています。災害が発生し、一定期間経過した後に、被災者が生活再建するにあたっては、生活上の困難に向き合うソーシャルワークが、その専門性を発揮するであろうことは容易に想像できます。しかしながら、実は災害発生直後からソーシャルワーカーは、何もない段階から援助活動を実施していました。組織や社会資源が

表3 ■災害ソーシャルワークの特徴

①初期的なアセスメントと気づき

　ソーシャルワーカーは被災地において、「何が必要か」、「何ができるか」をイメージしながら調査し、限られた情報に基づき、短時間で初期的なアセスメントを行う。そのうえで、要援護者のニーズに適したサービス情報を提供することで、一人ひとりが主体的に生活を築いていく援助を行う。そのためには、平時から地域の社会資源について把握しておき、ネットワークをつくっておくことが求められる。

②介入時に道具を活用

　ソーシャルワーカーの認知が必ずしも十分でない現状において、介入時のきっかけづくりとして、情報の提供、物資の補給などに代表されるように何らかの道具を使っている。そのプロセスを通じて対象者のリスクを把握し援助の要否を判断すると同時に、ソーシャルワーカーの身元を明確にすることで相手に安心感を与え、これからの支援を円滑に進められるような関係を築くようアプローチをしている。

③アウトリーチによってニーズを見つける

　対象者が定まらない災害時には、ソーシャルワーカーが積極的に被災地に出向き潜在的ニーズを探し出している。また、ニーズを表出できない、あるいは自らのニーズを認識していない場合、ソーシャルワーカーが積極的にアプローチすることで、ニーズを意識化することができる。

④支援対象と資源をつなぐ

　単にニーズとサービスをリンクすることにとどまらず、被災者の置かれている状況と生活上の困難を理解したうえで、被災者のその生活を予測し、必要な支援を展開している。

出典：遠藤洋二「被災者の生活再建に寄り添うソーシャルワーク実践に関する一考察：学生と共に考える「災害ソーシャルワーク」（特集 東日本大震災後の生活再建に向けて）」『人間福祉学研究』6（1） pp.19-31　関西学院大学人間福祉学部研究会　2013年より

崩壊し、クライエントの安否もわからないなかで、知識・経験・技術を活かし、想像的、創造的援助を実施していた姿から、学生たちはソーシャルワークの魅力を発見したようです。

　システム化された社会において、「クライエントのニーズとサービスをマッチングする」といったように、ソーシャルワークの機能を限定的に捉えがちな学生ですが、災害支援を行ったソーシャルワーカーの活動に触れ、ダイナミックなソーシャルワーク実践に未来の自分を重ね合わせました。

　本プロジェクトは、「教育」を捨てたことで、学生が主体的に取り組み

学生を大きく成長させました。また、関係者からは、「インタビューを行ったソーシャルワーカーのディブリーフィング効果」、「インタビュー録のアーカイブとしての価値」も評価されるように、一定の効果を上げ、終了させることができました[注2]。

今後は、その成果を活かしつつ、「災害ソーシャルワークの体系化（理論研究）」、「災害援助を行うソーシャルワーカーの養成」など、いずれまた起こり得る大規模自然災害時に貢献できる取り組みが必要でしょう。

参考文献

・遠藤洋二「被災者の生活再建に寄り添うソーシャルワーク実践に関する一考察：学生と共に考える「災害ソーシャルワーク」(特集 東日本大震災後の生活再建に向けて)」『人間福祉学研究』6 (1)　pp.19-31　関西学院大学人間福祉学部研究会　2013年

注2　本プロジェクトの評価は、2013年度独立行政法人福祉医療機構の助成を受け実施した「ソーシャルワーカーの"声"プロジェクト」平成25年度事業報告書に外部評価委員による記述を参照されたい。

第2章 インタビューからみた災害ソーシャルワーク

2-1 関西福祉科学大学の報告

1 石巻市の被災状況

石巻市は、宮城県北東部に位置し、面積555.7km²の人口147,066人（2016（平成28）年1月現在）のまちである。現在の石巻市は、2005（平成17）年に、旧石巻市、河北町、雄勝町、河南町、桃生町、北上町、牡鹿町の1市6町が合併して誕生した。石巻市は、市内を旧北上川と北上川が流れ、市街地は旧北上川河口部に位置する。また牡鹿半島を中

心とする沿岸部は、リアス式海岸となっており、複雑に入り組んだ海岸線となっている。

東日本大震災における石巻市での観測最大震度は6強であり、襲った津波の高さは、最大8.6m以上とされている。そして石巻市は津波の被害により、平野部の約30％にあたる約73km²が浸水している。

人的被害については、死者3,179人、行方不明者421人（2016年3月末）に上る。建物被害は、全壊が20,039棟、半壊が13,047棟、一部損壊が23,615棟の合計56,701棟が被害を受けている。また病院および診療所の75％が被災するなど、公共施設の被害も甚大な被害を受けている。避難者数

については、2011（平成23）年3月17日時点で最大50,758人が避難している。

2 プロフィール

インタビュー対象者：高橋了
宮城県河北町社会福祉協議会入局（合併により、石巻市社協）。震災時は石巻市渡波地域包括支援センター。現在、北上地域包括支援センター社会福祉士。

インタビュアー：泉綾子
関西福祉科学大学社会福祉学部1年生（当時）。「ソーシャルワーカーの"声"プロジェクト」の第一次派遣と第三次派遣において、宮城県で活動を行う。現職、神戸市職員（福祉職）。

担当教員：家髙将明
「ソーシャルワーカーの"声"プロジェクト」における関西福祉科学大学の担当教員として、2012（平成24）年の第二次派遣から被災地に入り、学生とともに活動を行う。

3 高橋了氏へのインタビュー録（抜粋）
インタビュー実施日：2012（平成24）年3月15日

まさか津波が来るとは思ってもいなかった
震災時は事務所で仕事をしていました。揺れがあった後、こちらに津波が到達するまで結構時間がかかりました。まず、低地になっている水田のほうに水が流れていったからだと思います。15時半前後に津波が来たと言う方々が多かったのですが、こちらについては16時頃でした。10m以上の津波という警報を車のラジオで聞いていたのですが、沿岸部まで1.4kmという距離があったので、認識が甘く、まさかこちらのほうにまで到達するとは思って

もいなかったです。仮に来てからでも避難は大丈夫かなという認識でいたので、隣接のデイサービス利用者の方々とともに津波が見えてから逃げました。津波体験は初めてです。宮城県ですと、海岸線が入り組んだ三陸沿岸部以外では津波というよりは揺れの対策に重点を置いていました。こちらの建物自体は鉄筋コンクリートづくりで頑丈ですし、平屋なので、崩壊することはないと思っていました。火災の防災訓練は行っていましたが、津波対策についてのマニュアルはなかったです。実際に起こるとまさか、という思いはありました。

　当日、デイサービスの利用者は 20 名以上の方がおられ、避難する際、家族に迎えに来てもらった方もいらっしゃいましたが、残った方は送迎車と、それに乗り切れなかった方は車椅子を押して山側のほうに逃げました。

自分の身と今かかわっている方々、周りにいる方々の身を守ることが最優先

　事務所のある地区には、指定避難所となっている集会所がありますので、地区の方々 100 名以上とぎゅうぎゅう詰めで、1 週間くらい利用者と一緒に避難所生活をしていました。その時点でソーシャルワーカーとしての役割は一切できなかったです。沿岸部に行けば行くほど被害が大きいですから、立ち入ることができませんでした。S という低地の地域があり、満潮時に国道が冠水していたので、そちらに行くこともなかなかできなかったです。その地区は陸の孤島でした。被災直後は車の移動にしても業務車輛も被災してどこへも行けないし、固定電話が使えず、携帯電話は電波が届かずで、通信手段もないし、できることといえば、目の前にいるデイサービスの利用者のケアだけでした。被災直後は何もできま

高橋了氏へのインタビュー（2012 年 3 月 15 日）

せん。自分の身と今かかわっている方々、周りにいる方々の身を守ることが最優先です。それくらいしかできません。その後1週間くらいで、2、3名を残して、デイサービスの利用者は家族に引渡すことができたというところです。

震災前からの地域とのつながりが重要

　地域包括支援センター、もちろんデイサービスもそうですが、いかに地域との密着ができているかということが大切だと思います。地域の集会所ですと、指定避難所となっているものの、支援物資が届くまで時間がかかります。同じ指定避難所でも小学校、中学校であれば広い校庭に自衛隊のヘリコプターが降りられます。一応シーツを使った白旗をヘリコプターに向けて振っていましたが、集会所ですと、敷地が狭く降りられないので、物資は届けられませんでした。近くの小学校まで支援物資、食料の確保のため交渉に行ったのですが、そこの避難所では千人単位で避難者がいましたので、提供は難しいという回答だったため、あきらめて帰ってきました。しかし、このあたりは農家が多く、食料等の備蓄があって、おにぎりであったり、水であったり、そういうものをいただくことができました。目の前に要介護の高齢者がいるということも理由としてあったのでしょうが、地域包括支援センターと地域の区長（行政委員）や民生委員とのつながりが日常からできているからこそ支援していただけたと強く感じました。

震災によって出てくるさまざまな課題

　やはり震災によっていろいろな生活課題というのが出てきます。避難所生活でも、他者との共同生活でストレスを抱えたりとか、移動手段がなく、どこにも出かけられなかったりとか、それらによってどうしてもADL（Activities of Daily Living：日常生活動作）などが低下してきます。あとは認知症であったり、精神疾患であったり、そういった方々が今後出てくるであろうという想定もできましたので、地域包括支援センターとして機能を早めに回復させたいという思いがありました。

　デイサービスも早めに復旧をさせて、未然にADLの低下を防ぎ、悪化し

ないようにするため、早く再開させたいという思いはあったのですが、こちらの法人が社会福祉協議会ということもあり、災害ボランティアセンターの立ち上げの業務がメインになるという方針が出されました。

被害が大きいので確実に全国からボランティアがやって来ますし、地域のニーズが高まってくるという話だったので、体制を確保するために、いろいろな部署の職員を動員したというところがあったのですが、やはりそれぞれの機関で担う役割が違います。災害ボランティアセンターは災害ボランティアに関することで、地域包括支援センターは包括的支援事業、デイサービスは要介護者等へのサービス提供です。

地域包括支援センターによる避難所での相談会のねらい

大きい避難所であれば相談会などもしました。仮設住居に入居するにしても自宅を再建するにしても、お金がかかってくるとか、家族関係が悪化しているとか、避難所の中で認知機能の低下が見られるという方もいたので、その方の対応、金銭管理など、地域包活支援センターは総合相談支援を行う機関ですので、なんでも相談会ということで開催しました。相談会自体は数名しか来ませんでしたが、逆に今起きている問題だけではなくて、今後、避難所から出て仮設住宅や自宅に戻ったときに出てくる問題もあると思いますので、相談会では各種相談に対応するという目的だけではなくて、地域包括センターの周知をして、今後起こり得る問題に対して地域包括支援センターが相談機関として存在しますという、存在感を伝えるということが一番の目的として行いました。実際に行ってみて感じたことは、地域包括支援センターの認知度が低かったということは言えます。

被災地の機関だけでは無理だった

地域包括支援センターは5人体制で、仮設住宅の訪問をすべて行うことは、正直無理があります。(2012（平成24）年3月末日までの）担当圏域の仮設住宅だけでも1,000世帯くらいあります。それくらいの世帯数を訪問するのは大変だということもあって、日本社会福祉士会の方々の応援をもらいながら訪問を行っています。2名ずつの派遣でしたが、今年（2012年）に入っ

てからは4名体制。きちんと業務の引き継ぎというのを社会福祉士会のメンバーのなかで行われていて、あまり大きな混乱はありません。

　訪問地区についてはこちらが指定します。あくまでも社会福祉士会がメインではなく、総合相談支援業務は私たち地域包括支援センターがメインで行う業務なので、地域包括支援センターの側面的支援ということで来ていただきました。こちらで訪問が必要な地区等についてお願いし、最初は避難所であり、次に仮設住宅であり、現在は被災しても自宅に住んでいる人がいる地区となっています。

外部支援のなかには困ったものもあった

　いろいろなボランティア団体が被災地に来ており、連携がとれている人や団体もありますが、その逆もあります。戸別訪問をして、いろいろと生活課題の聞き取りをするなかで確かに心身状態がひどく、その専門性を活かした視点で介入するということがあったときに、そのチームが全部その解決までかかわれるのであればよいのですが、全国から来ているチームなので、被災地の社会資源の把握や関係機関との連携に時間がかかり、解決までには至らず、そもそも解決するにはやはり被災地の機関が対応をしなくてはならないものが多々あります。とりあえずその問題を掘り起こしただけで、「こういった問題がありましたから、あとはお願いします」というケースの丸投げが多いのです。彼らのなかには被災地の機関につなげただけで連携と言う人もいますが、私たちはそれを連携とは言わず、丸投げと言っています。

一人の住民を支えていくなかで必ず現れる壁

　将来、学生の皆さんが専門職となって、一人ひとりの住民を支えていくときに、必ず壁というものが現れます。それは例えば制度であったり、あとは支援者となるべき相手だったりします。支援者としての相手にも制度に基づいた専門性があるので、ケースをその制度に照らし合わせて、うまくその支援者を引っ張り込めるかというところにも壁もあるでしょう。あとは組織としての壁です。現に起きている問題と組織との板挟みで葛藤することもあります。所属する組織に、いかに理解してもらえるか、その重要性を伝える技

術もソーシャルワーカーとして求められている役割です。そういうアクションを起こしていくというのも、実は社会福祉士としての役割だと思います。周囲に評価されにくい部分で大変ではありますが、いずれは、これらの積み重ねが制度を変えていく力にもつながっていくと思います。

　全国にはいろいろな社会福祉士の先輩方がいますので、そういった意味ではソーシャルワーカーの仕事というのは、社会福祉士会などの職能団体においてはお互いフォローし合えるという一面もあるので、自分が一人でケースにかかわっているわけではないということがわかり、社会福祉士同士の強みみたいなものを感じています。他分野の社会福祉士同士が支えあっているということも一つの専門性ではないかと思っています。

震災前からの役割分担が重要

　災害にしても、連携にしても、体制がきちんと整えられている自治体については、体制の整えられていない自治体と比較して、被災してもそのダメージは少ないと思います。ハードの面だけではなくて、ソフトの面も体制整備は必要です。いかに行政のなかで縦割りができていないか。縦割りが強いところほど復興は遅くなるはずです。その垣根をどう取り払うか、真剣に議論する。そうすれば、震災対応についても役割分担を明確にすることができると思います。制度やサービスが市民のためにというものを掲げているのであれば、事前に体制整備や役割の明確化をきちんとしておくべきかと思います。それがふだんからできれば震災だけではなくて、虐待もそうですし、独居高齢者の生活を守るというのもそうですし、権利擁護の部分もそうですし、早期の対応が可能となります。それに問題に対する地域での早期発見もできると思います。それが実現する地域にできるかどうか、そのアクションを誰がするべきか、そうなるとやはりソーシャルワーカーでもあるかと、震災を通じて感じました。

4　インタビューを終えての学生の声

　地域包括支援センターに隣接のデイサービスの一部屋で、高橋さんから話

をうかがいました。落ち着いた雰囲気のなかで、高橋さんが語られた震災前後のダイナミックなアクションが印象に残っています。まち、生活が崩壊し、関係機関も役割を発揮することが難しい状況のなかで、高橋さんが、被災した人が生活を維持できるように、出てくる課題に取り組めるよう

高橋了氏と関西福祉科学大学の教員・学生たち（2012年3月15日）

にとアクションされていたことに、心強さと感謝の気持ちがあふれました。

　平常時の支援において、構築されたつながりの力を発揮されていました。災害時にはさまざまな機関が役割を発揮するのが難しい、あるいは必要な物資やサービスが行き届きにくい状況ですが、そのなかでも地域の人による支援が行われることから、平常時の支援でのつながりの構築がいかに重要なものか、強みであるか、学ぶことができました。

　時間の経過とともに変わっていく被災者のニーズを見立てて、地域包括支援センターや社会福祉士という相談ができる存在を広めていきました。先を見越し、認知度を高めていくことで、被災者が問題解決に取り組んでいけるようにはたらきかけていることがわかります。対人援助の場面ではたびたび問題の解決は当事者であると言われますが、まさにこのことなのだと思いました。そのためにも相談機関の認知度を高めるはたらきかけは、重要な役割の一つであることがわかりました。

　社会福祉士会による後方支援では、大きな混乱がなく、現地が主体となって側面的支援を行ってもらえたことから、社会福祉士同士の強みがここでも発揮されていることがわかります。人々の生活を支えていくなかで必ず出てくる壁にはたらきかけていくときには、難しさや葛藤がありますが、そのようなときに相談ができることは強みであるとわかります。評価されにくい役割や専門性を自ら明確化しようと努め、発揮していくためにも、専門職のつ

ながりが重要であると学びました。

　被災した人々、地域が抱える、変わりゆく課題の存在、それらをとらえてはたらきかけていくソーシャルワーカーの姿勢や役割、専門性を発揮するために必要なことを学ぶことができました。貴重なお話を聞かせてくださいました、高橋さんに感謝申し上げます。

5　インタビューを終えての教員からのコメント

　インタビューを通して学生たちは、甚大な被害が生じる大規模災害において、人々の生活を守るための制度や社会資源といったシステムが機能不全に陥ってしまう場合があり、これらの機能不全の状態を補うにあたって、インフォーマルなサポートが有効であるということを知ることができました。またインフォーマルなサポートは、ソーシャルワーカーの平常時からの活動によって生み出されており、平常時における活動と災害時における活動の連続性についても学ぶことができました。

　とりわけ今回のケースでは、災害応急対策として準備されていた救援物資の輸送が遅れたため、ソーシャルワーカーは食料を確保するために近くの避難所に出向いて交渉を行いましたが、うまくいかず、最終的には平常時からの地域とのつながりによって農家の方から食料を譲っていただいています。つまりこの点から、ソーシャルワーカーは単に利用者のニーズと社会資源をつなぐという役割を担っているだけでなく、利用者のニーズを満たすために必要となる社会資源を探し出すという役割を担っていること、さらに平常時から重層的なネットワークを張りめぐらしておくことで、さまざまなシステムが機能不全に陥ってしまった事態

宮城県南三陸町（2012年3月14日）

に対応しているということが理解できたのではないでしょうか。

　また、災害により甚大な被害が生じた場合、被災地域のソーシャルワーカーだけでは被災者の支援ができず、外部からの支援が必要となり、そのなかで同じ専門性をもつ職能団体による支援が大きな意味をもつこともインタビューを通して、学生たちは学びました。今回のケースでは、全国の日本社会福祉士会の会員が被災地における地域包括支援センターの支援に入っていますが、そこでの支援は側面的な支援が行われており、被災地域の地域包括支援センターが主体となって活動しています。外部の支援者は、被災地に関する土地勘がなく、見守りを必要とする人やニーズ調査を行う必要のある人がどこにいるのかわかりません。またアウトリーチは、ただ相談機関から外に出かけて、対象者にはたらきかければよいというものではなく、対象者における生活の場に足を踏み入れる行為であるため、慎重に行う必要があります。そのためにも、地元のソーシャルワーカーとの情報共有が重要な意味をもちます。インタビューを通して、学生たちは外部支援者による支援を活かすための地元ソーシャルワーカーの役割についても理解することができたと思います。

　さらに、今回のインタビューを通して、大規模災害における防災活動や災害支援活勤を展開するうえでの課題も見えてきました。「まさかこちらのほうに来るとは思っていなかった」という高橋氏の言葉にあるように、災害時には想定外の事態が多々生じることがあります。自ら設定した想定にとらわれすぎることなく、柔軟に対応できる体制を準備しておく必要があります。また地域包括支援センターやデイサービスセンターの早期復旧が課題となっているなかで、社会福祉協議会の内部において、災害ボランティアセンターの立ち上げ業務に職員が集中して配置されるという事態も生じました。さらに外部からの支援者が十分な対応策をもたないままに被災地に入り、被災者のニーズを引き出したために、この対応に現地のソーシャルワーカーが追われ、混乱するという課題も生じました。

　インタビューのなかで語られた課題を遠く離れた場所での出来事としてとらえるのではなく、「自らの問題」としてとらえ直し、当事者として考えていく姿勢が学生を含む私たちに求められています。

6 インタビュー対象者の声

　はじめに、本プロジェクトにかかわった学生並びに教員の皆様、大変お疲れ様でございました。私の伝えたい思いが、皆様のお力によってこのような形になることは非常にうれしく、大変感謝しております。私以外にもこのように思われたソーシャルワーカーもおそらく多いのではないでしょうか。

　さて、本プロジェクトの感想について述べますが、インタビュー対象者に対する配慮が非常に感じられたプロジェクトであると感じました。インタビューの実施前には、座学として災害等関連制度の理解や確認、プロジェクト実践時点で各ソーシャルワーカーの業務状況把握、過去の災害におけるソーシャルワーカーの実践や心境の理解、インタビューを想定したロールプレイの演習、直接個々のソーシャルワーカーではなく、県社会福祉士会を通した依頼等、綿密に企画、準備、そして実践されたことが、インタビュー対象者への負担軽減等につながったと思います。

　東日本大震災の関連調査は非常に多かったと記憶しております。被災地を含めた全国のための調査ではあるとは思うのですが、顔の見えないところでの調査であるため、回答する立場の業務状況や心身状態への配慮が少なかったと感じました。研究者の実績づくりとしてのエゴ調査ではないかと勘ぐってしまうなか、本プロジェクトはインタビュー対象者への配慮がなされたこと、そして何よりも目的が明らかにソーシャルワーカーのためのものと感じることができたのが、好感をもてる要因だったといえます。

　続いて、被災地のほかのソーシャルワーカーについてですが、実は当時どのような活動をされていたのか、あまり把握できていません。直接ご本人に確認しなければ把握できませんし、こちらも業務でその時間を割くことができません。そして何よりも、学生の皆様が気を遣われたように、こころの奥に触れることで傷を抉(えぐ)ることになりかねないのではないかという葛藤もあります。

　その点でも本プロジェクトは、被災地のほかのソーシャルワーカーの活動を理解できること、そして自身の活動との重ね合わせによって共感等が可能となりました。共感はとても重要で、自分だけが大変な思いをしてきたので

はなく、各地で同じようにつらい思いを抱えていたソーシャルワーカーがいたことを理解できたのは、ある意味救いにもなります。地域や所属など別々に活動していても、同じソーシャルワーカーとしての仲間であることを実感できました。

　結びになりますが、私個人と当時の所属スタッフの思いを拾い上げてくださったことに、改めて感謝申し上げます。本プロジェクトは、中心となった学生の皆様、それを後方支援された教員の皆様、学生の皆様にご助言等をされた講師の皆様、インタビュー対象者の皆様、調整された県社会福祉士会が、一つのチームとなったからこそ、このような形、成果になったのだと思います。しかし、これで終わりではありません。今後大災害が発生した際には、今以上に住民を支えられる体制づくりが望まれます。その際には本プロジェクトの取り組みが活用されることを切に願っております。

参考文献

- 宮城県「宮城県推計人口」
  (http://www.pref.miyagi.jp/uploaded/attachment/342002.pdf, 2016.5.6)
- 気象庁「「石巻市鮎川」の津波観測点の観測値について」
  (http://www.jma.go.jp/jma/press/1106/03b/tsunami_ayukawa2.html, 2016.5.6)
- 石巻専修大学「石巻市における被害の状況」『東日本大震災石巻専修大学報告書』第2号　2012年
- 石巻市「石巻市の復興状況について」
  (https://www.city.ishinomaki.lg.jp/cont/10181000/8235/201406241 30932.html, 2016.5.6)

2-2 文京学院大学の報告

1 石巻市雄勝地区の被災状況

雄勝地区は、2005（平成17）年に旧石巻市、河北町、河南町、桃生町、北上町、牡鹿町と合併し、石巻市の一つの地区となったまちであり、牡鹿半島北側に位置する。主要産業は水産業であり、伝統工芸品「雄勝硯」の産地としても有名である。震災前の人口は3,994人、世帯数1,514世帯（2010（平成22）年10月現在）である。震災後は人口減少が著しく、2015（平成27）年時点の人口は2010年時点と比較して74.54％減少している。

雄勝地区の津波における最大浸水高は16.2m、最大遡上高は21.0mとなっており、人的被害は直接死が156名、関連死17名、行方不明者70名となっている（2016（平成28）年11月末）。また、建物被害は全壊が1,348棟、半壊および一部損壊が241棟となっているほか、小中学校や病院などエリア内のほとんどの公共施設も壊滅的な被害を受けている。

2 プロフィール

インタビュー対象者：鈴木健太

1977（昭和52）年神奈川県生まれ。東北福祉大学卒業。介護保険元年（2000年）から岩手県田老町（現・宮古市）のデイサービスセンターに生

活相談員として勤めた後、2003（平成15）年に社会福祉法人旭壽会に入職。特養の相談員として2011（平成23）年の東日本大震災を経験し、その後、同法人で受託している地域包括支援センターに社会福祉士として異動。以後4年間、地域包括の社会福祉士として震災後の激動のなかを奔走した後、現在は特養に戻り、施設ケアマネジャーとして勤めている。

インタビュアー：吉田心弥
　文京学院大学人間学部人間福祉学科4年（当時）。「ソーシャルワーカーの"声"プロジェクト」の八次派遣において宮城県で活動を行う。現職、所沢市社会福祉協議会職員。

担当教員：中島修
　東日本大震災発生時、厚生労働省地域福祉専門官として被災地支援を担当。「ソーシャルワーカーの"声"プロジェクト」における文京学院大学の担当教員として、2013（平成25）年の第四次派遣から被災地に入り、学生とともに活動を行った。

3　鈴木健太氏へのインタビュー録（抜粋）
インタビュー実施日：2015（平成27）年9月4日

さまざまな人々と送った施設での避難生活
　震災のときは、仙台市にある実家にいました。震災発生は3月11日だったわけですが、雄勝の職場に来ることができたのは3月15日でした。4日後になってしまった直接的な理由は、道路の通行止めなどで物理的に雄勝に近づけなかったということにほかなりませんが、その間は雄勝の情報を収集することでさえ困難でした。県庁に毎日通い、情報を求め続けましたが、収穫はほぼありませんでした。ようやく雄勝に入れるという情報を確認できたのが3月15日。ふだんは使わない林道を通って、変わり果てた雄勝のまちに入り、そのまま施設での避難生活に合流しました。
　職員の多くも家に帰れない状況でしたので、入居者、ショートステイやデ

宮城県東松島市（2015年3月3日）

イサービス利用者、職員、近隣から避難してきた地域住民、地元の作業所に通う障害者など、いろいろな方がしばらく共同生活をしました。施設での共同生活では、住民代表、作業所代表、施設代表といった形でリーダーを設け、毎朝そのリーダーで話し合いをしました。物資の振り分けなども代表者が話し合って決める形ができていたので、それほど大きなトラブルはなかったです。地域住民の方々も、施設という環境に対する理解がありました。むしろ、それぞれのグループで情報を共有する体制がよくできており、助け合うことができていたように思います。

仮設住宅支援における専門職の連携

　問題を抱えるケースを担当するにあたり、自分一人の力ではどうにもならないことが多いものです。その点、石巻には震災後、多くの支援が入りましたので、その力を借りることができたのは非常にありがたいことでした。県の社会福祉士会の会員には毎日、訪問調査の手伝いをしていただきました。精神科医とソーシャルワーカーのチームも来てくれていたので、アルコール問題や認知症にかかわることなどについては頼りにさせていただきました。理学療法士、作業療法士のチームには、住宅改修にかかわることや生活不活発病の予防などについて、いろいろと助言をいただきました。そのように専門職との連携がうまくできていたことで、インテークの時点である程度問題点を把握することができれば、この人につなごう、この人から助言をいただこうというように、適材適所のチームで支援をすることができたのです。

　地元で活動している支援者は、程度の差こそあれ、自分自身の生活も震災の影響を受けています。それでも毎日、被災者と向き合い続けていたのですから、身体的にも精神的にもかなり疲れていたと思います。そのようななか

で、困難なケースを一人で抱えるのではなく、チームとして対応できたということ、これは本当に大きかったと思います。皆さん、本当に優しく、頼りになって、われわれのストレスを和らげてくれる存在でした。感謝の気持ちでいっぱいです。

被災地の現状を伝えていく責務

　被災して本当に大変な思いをしてきた人と接し、そしてその人たちに寄り添うことで、自分にもその人たちの気持ちが伝わってくるものです。私は直接津波を体験してはいないのですが、それでも気持ちを共有しているつもりではいました。だから「ただ何となく」被災地に来ている人を見るのは、やはり嫌でした。でも、自分の友人が「見ておくべきと強く感じた」と言って、被災地に来てくれたとき、その思いに共感し、素直な気持ちで案内することができました。体験した者が伝えていかなければいけないという自覚も、その頃から芽生えてきたのだと思います。だから、このようなインタビューも積極的に受けさせてもらうようにしています。

ソーシャルワーカーの役割

　社会福祉士って、看護師のように医療的なことができるわけでもなく、理学療法士や作業療法士のようなリハビリを指導できるわけでもなく、いまいち専門性に欠ける「器用貧乏」みたいな存在と感じていました。でも、震災後の支援を通じて、社会福祉士だからできることや、その専門性の活かし方がわかったような気がします。すごく基本的なことですが、傾聴を通じていろいろなニーズに気づくということも、社会福祉士の専門性の一つだと思いますし、先ほど話した専

鈴木健太氏へのインタビュー（2015 年 9 月 4 日）

門職につないでいくことも、その連携の中心に自分がいるということの責任を強く感じることができました。権利擁護の観点で、その人が受けられるべきサービスや制度を交通整理し、しっかりと情報提供していくことも強く意識していました。相談援助の技術にしても、もっている知識にしてもまだまだ未熟なのですが、これまで漠然としていたものが、震災後の支援を通じてはっきりと見えてきたというのはあると思います。

　特に、震災後の支援ではアウトリーチを重視していました。現場に赴くことで、利用者にとって自分は「社会資源の一つ」であると感じてほしかったのだと思います。震災後はニーズがかなり多岐に渡っていたので、正直ただの御用聞きになってしまっていたこともあるかもしれませんが、あの状況ではそれもやむを得なかったのではないかと思います。正しい支援ではないかもしれませんが、状況も状況だったので、開き直ってそこを入り口ととらえるようにしました。

4　インタビューを終えての学生の声

　私は鈴木さんにインタビューをすることで、ソーシャルワーカーが被災地において、どのような活動を行っていたのかを具体的に知ることができました。

　鈴木さん自身が勤めていた施設での避難所運営において、話し合いの機会をつくることでトラブルを回避していました。これは、震災以前から鈴木さんが地域住民と関係を築き、信頼関係が構築されていたからであると思います。また、仮設住宅に移ってから、ソーシャルワーカーとしての役割を実際の支援のなかで実感することで、鈴木さんを中心に連携や見守り、相談が充実し、多種多様なニーズに

鈴木健太氏と文京学院大学の教員・学生たち（2015年9月5日）

対して、専門性を発揮した必要な支援が行われていたことがわかります。メディアでは取り上げられる機会の少ないソーシャルワーカーですが、支援という場面において重要な専門性をもち、地域のなかで頼もしい存在である、と話してくださる鈴木さんを見て感じました。「ソーシャルワーカーである自分が、社会資源とならなければいけない」という言葉が、最も印象に残っています。地域にソーシャルワーカーがいるということが、一つの地域としての強みであると私は学ぶことができました。貴重なお話を聞かせてくださいました、鈴木さんに感謝申し上げます。

5 インタビューを終えての教員からのコメント

教員として、「ソーシャルワーカーの"声"プロジェクト」に参加し、学生がインタビューをしている様子を見ていたなかで、「ソーシャルワーカーの"声"プロジェクトの意義」を以下のように感じました。

第一に、災害時におけるソーシャルワーカーの活躍や役割を学生がインタビューを通して体感し、理解することができたことです。第二に、インタビューを受けた社会福祉士のソーシャルワーカーも、学生の熱心なインタビューに率直に答えるなかで、自らの専門性や役割に気づき、さらに支援者として被災地支援で抱えていた思いの癒しにもつながっていったことです。第三に、被災地を訪問した学生たちは、被災地の状況、被災者の言葉を語り部として多くの人たちに語りたいと感じ、また語りはじめていることです。第四に、災害時におけるソーシャルワーカーの役割や専門性が記録され、次の災害時の役に立つことができることです。

インタビューのなかで、鈴木さんは、学生の問いかけに本当に誠実に、優しく答えていただきました。そして、被災地での支援を通して、社会福祉士の専門性など多くのことに気づき、ご自身が大きく成長されたことを語っていただきました。学生にとっては、将来の目標となる人との出会いでした。教員として、こころから感謝しています。

6 インタビュー対象者の声

　言うまでもなく、今回の震災の被害は非常に甚大で、5年以上が経過した今でも、復興は道半ばといった状況です。多くの方が大切な家族、大切な友人、大切な住まいを失い、さらには住み慣れた地域を離れざるを得ない状況と向き合いながら、必死に生活を継続しています。

　そのような方々を支援することは、正直に言って最初は不安でいっぱいでした。今、自分にできることは何かと自問自答した結果、声にならない声を聞き漏らさぬよう感覚を研ぎ澄ませること、これを強く意識するようになりました。インタビューでもふれたとおり、その後は多くの方々に支えられながら必死に日々を駆け抜け、今に至ります。

　今回、学生の皆さんは、われわれソーシャルワーカーの「声」に耳を傾けてくださいました。インタビューを通していろいろなことに「気づいたり」、「感じたり」したと思いますが、それは私が被災された方への支援のなかで意識していたことと全く同じですよね。手前味噌ですが、私は震災後の支援のなかでこの意識をもてたことで、少しは成長できたのではないかと思っています。皆さんも今回のプロジェクトの過程をそのように感じてくださっていれば、私も非常にうれしいです。

参考文献

- 石巻市「統計書第3章　人口」
  (http://www.city.ishinomaki.lg.jp/cont/10102000/0040/3914/20130301161659.html, 2016.8.22)
- 河北新聞オンライン「＜国勢調査＞石巻市の沿岸部が激減」
  (http://www.kahoku.co.jp/tohokunews/201602/20160227_11027.html, 2016.12.20)
- 宮城県土木部事業管理課「第8章津波の痕跡調査結果」『東日本大震災　1年の記録（宮城県土木部版）』2012年
- 石巻市「被災状況（人的被害）　平成28年11月末現在」
  (http://www.city.ishinomaki.lg.jp/cont/10106000/7253/201410161 45443.html, 2016.12.20)
- 石巻市「石巻市災害復興基本計画」
  (http://www.city.ishinomaki.lg.jp/cont/10181000/7742/7742.html, 2016.12.20)

2-3 淑徳大学の報告

1 陸前高田市の被災状況

　陸前高田市は、岩手県南東部に位置し、面積231.94km^2、人口19,845人（2017（平成29）年1月31日現在）である。

　東日本大震災における陸前高田市近郊では、震度6弱を観測した。この地震で発生した津波により、陸前高田市沿岸部、気仙川、矢作川、長部川などの河川流域で甚大な被害を受けた。

　人的被害ついては、犠牲者（行方不明者含む）1,757人（2013（平成25）年6月30日時点）で、高田町の人的被害が最も多く、次いで気仙町、米崎町、小友町と続く。

　津波による被災世帯数は、全8,069世帯のうち4,063世帯に達し、全壊が3,801世帯で、被災世帯数の93.6％であった。地震による被災世帯数は全8,069世帯のうち3,966世帯に達し、一部損壊が3,942世帯で、被災世帯数の99.4％であった。これら、津波と地震による被害は陸前高田市全世帯の99.5％におよんでいる。

　公共施設等の被害も甚大で、市庁舎、中央公民館、図書館、博物館、市民体育館ほかが全壊、小中学校も全壊または一部損壊といった状況であった。

2 プロフィール

インタビュー対象者：菅野好子
　岩手県社会福祉士会会員（気仙ブロック）、社会福祉法人大洋会職員。発災時は陸前高田市の同法人就労継続支援Ｂ型事業所「青松館」に勤務。インタビュー当時は大船渡市内の同法人「地域活動支援センター星雲」に勤務し、現在、大船渡市内の同法人就労継続支Ｂ型事業所「慈愛福祉学園」に勤務。

インタビュアー：海老池真央
　淑徳大学総合福祉学部１年生（当時）、「ソーシャルワーカーの"声"プロジェクト」の第六次派遣において、岩手県で活動を行う。淑徳大学地域支援ボランティアセンター千葉にも所属。

担当教員：山下興一郎
　「ソーシャルワーカーの"声"プロジェクト」における第六次派遣淑徳大学担当教員のほか、2011（平成23）年発災時より岩手県社会福祉協議会とともに、沿岸地の生活支援相談員活動の支援等を行う。

3 菅野好子氏へのインタビュー録（抜粋）
インタビュー実施日：2014（平成26）年９月５日

事業所の終業時に大きな揺れが重なって
　震災当時、私は、社会福祉法人大洋会の就労継続支援Ｂ型事業所「青松館」に勤めていました。陸前高田市米崎町の小高い場所にある事業所でした。震災のあった日、ふだんだと午後３時45分が帰りの送迎時間開始になるのですが、そのときは１時間早く終わる予定になっていました。
　終礼後、ホールに集まって帰りしたくをしながら、帰りのあいさつをしていたところに、大きな揺れが地響きの後にきました。その日の地震は揺れが大きいうえに、何度も繰り返しきました。その揺れの大きさに、建物が倒壊

することが頭をよぎり、すぐに外に出られる方には建物の外に出ていただき、介助の必要な方は、一旦テーブルの下に入っていただき、落下物等の危険から守るような状況でした。地震への対応だけが頭にあり、青松館は高いところにあると思っていたので、津波は来ないだろうと考えていました。

より高い場所への避難を判断

　長くて大きかった揺れが収まってから、皆さんに建物の外に出ていただいたとき、防災無線から「大きな津波が来ることが予想されます」と放送が流れてきました。最初、津波の高さ10mとの予想でした。地域には高い防波堤があり、さらに青松館は小高い場所に建っていること、数日前の大きな地震でも津波が来なかったことなどから、無線を聞いてからも「大丈夫だろう」と思っていました。

　利用者を送迎しようかと迷っているうち、防災無線からの避難指示やサイレン、ラジオ放送、地域住民が次々と高台に避難してくる状況のなかで、私たちは身の危険を感じ、できるだけ一緒に、陸前高田のまちが見渡せるところに集まり、海のほうを見ていました。利用者はもちろん、私自身も不安でどうすればいいのか判断がつかず、施設長の指示を確認しながら、利用者から離れないようにしていました。まちの様子を見ながら、地震が起きてからこちらに津波が来るまで20〜30分の時間があったと思います。

　堤防が波の下に隠れて、まちが土煙のように、波にのまれていく様子を見て、さらにこれからどうなるのか、私はどうしたらいいのかと不安が強くなりました。不安と恐怖を感じている表情の利用者に「大丈夫、大丈夫」と言いながら、手をつなぎ、皆でまとまっていました。そうしているうちに波が自分たちの1mくらい下のところまで近づき、波に囲まれ、私たちの立っている場所だけが孤島のようになっていました。次に大きな波が来たら、ここも危険と判断し、目の前にある、いつ崩れてきてもおかしくないほどの急な斜面に必死に上り、視覚障害の利用者を後ろから押したり、上から引っ張り上げたりして、できるだけ高いところへ、より高いところへ向かうという思いと行動でした。

日頃から関係のある福祉施設への避難

　避難を続けるなかで、松原苑という老人保健施設にたどり着きました。松原苑は、建物に半分ひびが入っており、今にも倒壊するかもしれないという危険な状況でした。寝たきりの方も多く利用されていて、松原苑の職員たちは防炎のカーテンを使って利用者を包んで、数人で1人ずつ運んで外に避難させている状況でした。松原苑が高いところにあったため、多くの地域住民たちも広場に避難してきていました。広場の地面に座ると、その日は3月の半ばとは思えない寒さで、薄暗くなってきたときには雪がちらついてきて皆さんとても寒そうにしていました。

　青松館から避難するとき、持てるだけの食べ物や毛布類等を持ってきていました。それを使いながら利用者をシーツに包んで暖をとっていましたが、このままでは衰弱するだろうということも考えられたので、どうにかしなければと思っていました。ちょうどその時に利用者の家族が心配して、車で駆けつけてくださいました。その家族にお願いして、松原苑から少し離れた高いところにある「ひかみの園」という、日頃からお世話になっている知的障害者の入所施設があり、そこの園長先生にお願いし、避難させてもらえることになりました。次の避難場所には、青松館の利用者を「ひかみの園」の職員とご家族とマイクロバス等を使って、2、3回くらいに分かれて移動しました。「ひかみの園」に移ったその晩は体育館で過ごしました。そこでは、おかずはなく、本当にご飯だけの真っ白なおにぎりを握っていただきました。避難することで頭がいっぱいでしたので、利用者が食事を摂れて安心しました。利用者のうち数人は施設内で休ませていただき、お世話になりました。その日の夜は、すごく寒かったこと、ラジオの音に耳を澄ませていたこと、余震のたびに興奮して叫び、飛び出そうとする利用者のそばにいたことを覚えています。

事業所の早期再開を目指した取り組み

　青松館は震災後、津波のため水道管が壊れてしまい、使えなくなってしまいました。青松館ではクリーニング作業もしていたため、水がないと仕事になりません。利用者には、青松館で仕事をしないと年金以外の収入がない方

もいます。一人暮らしの方や、青松館に通うことが生活の一部になっている、その方たちの居場所や生きがいのためにも、青松館の本来の業務に戻る必要があり、できるだけ早め

菅野好子氏（左手前）へのインタビュー（2014年9月5日）

に利用者が作業に戻れるように活動しました。震災前からの作業で施設外就労として、希望ヶ丘病院というところから清掃業務を委託されており、発災後4月下旬頃には、病院内に入院患者のほか、地域住民が避難されており、青松館が受け持っていた清掃業務はできるだけ早く再開してほしいという依頼もあり、比較的道路の復旧が早い場所に住んでいる方、避難場所から通える方を優先して、利用を一部再開することができました。再開までの間には、利用者たちの避難場所での生活支援や物資の調達、被災利用者への日常生活用品の配給支援、通院支援を行いながら、行政との連携による復旧作業、支援団体やボランティアとの連絡調整も行い、すべての利用者を事業所に迎えられたのは被災してから2か月が過ぎた頃でした。無我夢中で事業所再開に向かい、その達成にはたくさんの方たちの支えがありました。これは忘れてはならないことであり、伝えていくべきことです。

当事者たちの声を伝えていく

「集える場所がほしい」との言葉を、利用者からよく聞きます。震災があったことで、地域住民もそうですが、障害のある方たちの当事者活動などのみんなで集える地域の居場所がなくなってしまいました。以前は福祉センターのようなところがあり、そこはサークル活動ができる場所であったり、自由に集える場所であったりしました。しかし、建物の損壊により、そうした社会資源がなくなってしまったのです。

現在、これらニーズを障害福祉計画のなかに取り込んでいくことができる

よう、当事者、関係者、行政職員も交えた話し合いを重ねています。集える場所のほかにも移動の課題もあります。移動支援事業をどうにかしてできないかと話し合いました。現在も話し合いは続いています（2014（平成26）年9月5日現在）。これは、障害がある

岩手県陸前高田市（2015年3月7日）

方だけではなく、地域の高齢者の課題でもあります。居場所、移動といった生活に必要な社会資源をどう再構築していくか、計画策定にあたってはさらなる検討が必要です。

　また、社会資源をつくるだけではなく、情報の周知も必要です。例えば、デマンド交通という乗り合いバスの実証運行が、陸前高田市では行われています。市民に（利用者も私たち職員も）その案内やパンフレットは配布されています。しかし、そのような情報があったとしても、どのように使ったらよいのか、いくらかかるのかなど、新しいしくみはよくわからなかったりします。そのため、さまざまな障害のある方に配慮できるよう、当事者たちにもこうした社会資源が利用できるよう工夫することが必要だと思っています。現状から地域での課題を見極め、当事者たちの要望や意見を行政や地域に伝えていくことにも携わることが、私たちには求められています。

4　インタビューを終えての学生の声

　インタビューを通して、災害時における支援は利用者の日常を取り戻すための取り組みが重要で、そのために広いネットワークづくりが必要だと思いました。またソーシャルワーカー自身も具体的な支援は手探りで行っており、その支援がよかったのか悪かったのかは結果を待たなければなりませんが、ニーズに沿って支援を行う点は、平常時も災害時も共通していることがわか

りました。

　お話をうかがって、非常事態が起こったとしても常に利用者のことを優先して考え、職員同士で連携しながら素早く的確に対応していった冷静さから、菅野さんの支援者としてのプロ意識と精神力の強さを感じました。

　さらに学んだことは、平常時からの関係施設間のつながりは災害時にも活きてくることでした。そして、そのつながりを社会資源として目の前の利用者における生活支援につなげていく柔軟さ、行動力こそがソーシャルワーカーに求められていると思いました。

　また利用者のニーズが明らかになった次は、解決するための関係機関の連携が重要であり、特に居場所づくりや移動支援の資源づくりの必要性や難しさを学びました。あきらめず、調整し続けていくことの大切さを知ることができました。

　震災は長年築かれた人間関係や生活環境を破壊し、新たな居住地での生活の再構築、コミュニティの形成が進むなかで、利用者・家族のニーズも変化し続けています。菅野さんは、障害関連の現場の社会福祉士として、常に利用者の気持ちの変化を読み取り、柔軟に対応し、行動していくことこそソーシャルワーカーの仕事ではないかと教えてくださったのだと思いました。お忙しいなか、災害時のソーシャルワーカーの仕事の貴重な話をお聞かせくださった菅野さんにお礼申し上げます。ありがとうございました。

5　インタビューを終えての教員からのコメント

　インタビュー対象者の菅野好子さんは、壮絶な状況下でのソーシャルワーカーの取り組みを、静かに、落ち着いた雰囲気で学生に話してくださりました。学生はインタビューを通して、災害時における社会福祉施設の取り組みの詳細を理解することができました。発災直後の避難誘導や自宅に帰ることのできる利用者をその日のうちに家族のもとに送り届けたこと、事業所の再開に向けての取り組み、復興に向けて、障害福祉計画に地域の居場所づくりなどを当事者の声として盛り込んでいくための活動などです。

　東日本大震災を契機に、福祉施設における災害時の避難対応、BCP

(Business Continuity Plan：事業継続計画）の策定等が検討されはじめました。これらは、初動対応、優先すべき事業を明確にしながら事業を継続、復興させていく際に必要な平常時からの取り組みです。特に、障害者施設の支援における災害時の課題は、避難時の「移動支援」「避難場所の確保」が伴うことも明らかとなりました。

　また、行政の福祉計画に、当事者の声が反映されるようその代弁者としての役割を福祉施設のソーシャルワーカーが担い、地域生活課題に対応していくという視点も学ぶことができました。

6　インタビュー対象者の声

　東日本大震災から5年が過ぎました。巨大地震と大津波は、たくさんの命、それぞれの人生を奪いました。私の住む陸前高田市では、犠牲者1,556人、未だ204人の方が行方不明となっています（2016（平成28）年11月12日現在）。その方々のなかには、民生委員、ヘルパー、保健師等の業務を最後まで全うし、犠牲となった方たちの存在があります。ここにこころより哀悼の意を表します。

　あの日あの時のことを皆さまにお伝えすることができたのは、震災から数年が経ち、当時の活動を振り返るためにも必要なことと考えられる気持ちに余裕ができた時期でした。震災後直後には、避難生活の過程で、衣食住等の生理的欲求、1日も早く震災前の活動に戻ることを願う気持ちを尊重して、居場所や働く場所等の経済的・心理的な安定を満たすために進み続けました。私には働くことのできる職場がありましたが、障害当事者の方々は、働く場所が失われ、生活意欲に大きく影響を与えていました。毎日時間の過ぎるのは早く、夢中で目的達成のため、組織の一員として業務にあたりました。そこには休日がないこと、職場までの長時間の移動も当然のことと考えていました。ただ、ふとしたときに、家族との時間を減らし、職場に向かう必要性、私自身の存在意義、社会福祉士としての役割を考えたことがありました。当時の活動を振り返ると、日頃からの顔の見える一人ひとりのつながりや情報共有が、いざというときの相互関係に活かすことができることを確信しました。

また、避難先の確保、復旧作業、ボランティアや支援団体等の意向調査と利用者のニーズ調整、ハード・ソフト面ともに多くの要求があり、組織の一員としての活動、個性を活かした業務分担により目的に向かいました。

　私たちの住むまちで、この地域だからこそできたこと、課題となったことがあったことと思います。それらも踏まえ、官民協働、障害当事者の参画ができたことは、被災により出会った方々の存在が大きいものでありました。この災害により知り合った多くの方々との出会いに、深く感謝申し上げ、この大きな犠牲から得たことを、一人ひとりが今後、社会のしくみづくりに活かされることを切に願います。そして、この記録集がインタビューや編集に携わった学生、先生方の東日本大震災における活動の証となりますことを祈念しております。

参考文献

・陸前高田市「被害状況」
　(http://www.city.rikuzentakata.iwate.jp/shinsai/oshirase/hazard1.pdf, 2017.7.24)

2-4 日本福祉大学の報告

1 山田町の被災状況

　山田町は、岩手県沿岸の三陸海岸の中央に位置するまちである。山田町が面する山田湾は、内海で波も穏やかであることが特徴であり、三陸有数のカキ養殖場となっている。2011（平成23）年3月11日14時46分頃に発生した東北地方太平洋沖地震において、山田町では震度5弱の揺れが観測され、地震発生から約40分後に津波が到達した。山田町を襲った津波は高さ8〜10m、遡上高は最大25mにまでおよんだとされている。また山田町では、津波の直後に陸中山田駅を中心とする市街地で火災が発生し、約17.3ha（ヘクタール）が消失した。

　山田町の人的被害は死者604名、行方不明者149名となっており、人口に対する犠牲者の割合については、陸前高田市、大槌町に次ぐ多さであることが報告されている。また家屋の被害状況としては全壊2,762棟、大規模半壊202棟、半壊203棟となっている。

2 プロフィール

インタビュー対象者：瀬戸浩
　出身の神奈川県で社会福祉事業団に勤めた後、岩手県内の社会福祉協議

会に勤務する。震災当時は、居宅介護支援事業所「とよまね」に勤めていた。現在、居宅介護支援事業所の勤務に加え、スクールソーシャルワーカーとしても活動している。

インタビュアー：大塚日菜子

日本福祉大学社会福祉学部社会福祉学科地域福祉コース3年生（当時）。スクールソーシャルワーク教育課程でスクールソーシャルワーカーを目指して学んでいる。神戸市長田区の被災地フィールドワークなど、積極的に行ってきた。「ソーシャルワーカーの"声"プロジェクト」第五次派遣において、3名の仲間とともに宮城県で活動。現在は、半田市教育委員会にて、スクールソーシャルワーカーとして勤務している。

担当教員：野尻紀恵

日本福祉大学社会福祉学部教員。社会福祉士。大学ではスクールソーシャルワーカーの養成に取り組んでいる。日本福祉大学災害ボランティアセンター長として、岩手県や宮城県での活動を継続している。「ソーシャルワーカーの"声"プロジェクト」では第五次派遣および第八次派遣を担当した。

3 瀬戸浩氏へのインタビュー録（抜粋）
インタビュー実施日：2014（平成26）年3月7日

発災直後における情報の重要性

震災当日は、山田町にはおらず、関東地域にある実家で過ごしていました。たまたま岩手県外にいたため、震災直後に岩手県内では知り得なかったさまざまな情報や、被害状況に関する情報を得ることができました。混乱する山田町にたどり着いたとき、県外にいたからこそ入手していた情報は大変貴重でした。

山田町に戻ってすぐに、それらを現地の同僚と共有すること、伝えることを行いました。何が起こっているのか、この地震による被害状況が全体的に

どのようなものであるのかなどの情報は、これから被災地域で起こり得ることを想像し、今および今後やらねばならないことを判断していくために必要だったと思います。ソーシャルワーカーにとって最も重要とされる情報が手薄であると、この先の支援が滞るので、できるだけの情報を集めることが重要となると考えました。

発災直後のグループホームの状況

　グループホームは、特に避難所として指定された場所にはなっていなかったのですが、帰宅困難者や近所の方々に施設を開放していました。また、当時のご利用者はもちろん、災害後一緒に過ごしたいと希望した家族もおられました。停電していたこともあり、家の被災状況は大丈夫であったけれど、もともと老老介護であったご家庭や、一人暮らしだと不安な方もおられ、このグループホームへ避難に来ていました。一方で、利用者の家族に連絡が取れないところもありました。

　ライフラインの状況としては、電気は使えませんでしたが、水道は寸断されておらず、大丈夫でした。このグループホームでは、災害時に備えて上水道と井戸水の二つとつながっている蛇口をつくっていました。上水道か井戸水のどちらか片方が使えなくなったときに、もう片方が使える設計になっていました。

　このグループホームは地域密着型という方針で、米や味噌は地元で調達するという決まりがありました。そのため、震災後もその農家にお願いしたところ、米と味噌は大丈夫でしたので、心配はなかったです。

　認知症の方々は、環境が変わることによって不安が高まることが予想されますが、このときはどの方も落ち着いていました。また、頻繁に余震があり、その揺れで施設内の物が落ちることもありましたが、利用者で特にパニックになる人はいませんでした。ある意味、そのことがこのグループホームで働く職員に癒しをもたらしてくれました。

グループホームでの看取り

　震災後、薬が手に入らないことによって、医療面で問題が起こりました。

1日おきに点滴をしなくてはならない利用者がおられ、グループホーム内で看取りをしなくてはならないと覚悟をしました。震災後しばらくしてから、小学校に医師や薬剤師などのチームが派遣されて入るようになってからは、利用者のお薬手帳を10名分ほど持ち、

岩手県山田町（2014年3月10日）

自宅から小学校に寄って出勤しました。個人の家だと薬やお薬手帳の管理をしていなかったり、お薬手帳も流されたりして、服用している薬が何であったのか本人もわからず、とても困っておられました。施設であったため、お薬手帳を預かっていたことが功を奏しました。その後、派遣されてきていた医師が空いている時間に、このグループホームに来てくださり、看取りを覚悟した利用者に会いに来てくれました。震災がなければもっと長生きできたのではないか、もっとできることがあったのではないかと考えることもあり、この利用者のこと、グループホーム内で看取ったことは忘れることができません。

入居者以外の被災者の受け入れ

3月中旬、近所の方々や利用者家族の帰宅のめどが立ち、自宅に戻られ、グループホーム内は利用者だけとなりました。しかし、その後、ケアマネジャーを通し、体育館の避難所では過ごしにくくなった方の受け入れをしました。そのため、事務所にもベッドを置き、ソファのところにもパーテーションを設置して寝てもらいました。また、個室でも2人部屋にできるところは2人にしました。

体育館の避難所は仕切りもなく、高齢者は不安を表す行動として、トイレに行きたくなる方がいらっしゃいました。不安の表現が「動く」という行為となっているのですが、これを周りは「徘徊だ」と判断してしまうことがあ

ります。それによって避難所である体育館に居づらくなり、グループホームが福祉避難所として受け入れることになりました。ここに来ると、その方は落ち着いて過ごすことができました。なぜ、その方はそのような行動をするのかという背景を把握する力があれば、その方は落ち着いてくれるので、問題にはなりません。しかし、長期的に考えると、その方はまた違う場所へ移動しなくてはなりません。せっかく落ち着いておられるのにと思うとつらかったです。

　また、震災前は地域で一人暮らしをされていて、震災後も在宅で十分に過ごせるのではないかという方がいました。そこで、1人で仮設住宅に暮らすことになったのですが、その方はわずかではありますが短期記憶障害がある方で、ヤカンでお湯を沸かしているのを忘れてしまい、ボヤを起こしてしまったそうです。そのことが仮設住宅で大変な問題になり、結局この高齢者はグループホームに入所されました。法人の理念でもある、「安心と尊厳のある自立生活を支援し、高齢者が生きていることを実感できる地域福祉の一翼を担うことを目指します」を念頭に考えたとき、共同生活がゆえの制約はあると思います。本人は自由に生きたいとしても、これまで一人暮らしをされてきたのと同じような自由を施設内だけで考えることは難しいものです。そのためには、地域の真の理解が必要だと強く感じました。

震災から3年が経過した今、考えること

　系列のグループホームでは、全員が津波から逃げることができ、避難所でしばらく暮らしました。しかし、認知症について理解をしていただくことが難しく、避難所に居づらくなり、一軒家を購入して利用者とともに移りました。認知症に対する理解が進んだとはいえ、机上で学ぶのとやはり違います。まして、震災という非常時に、認知症高齢者の言動に対する理解は、なかなか難しいということがわかりました。日頃からの啓発や人と人との交流をどのように実践していくのか、ソーシャルワーカーとして今後取り組まなければなりません。

　震災後は新たな課題がたくさん見えてきました。例えば、AED（Automated External Defibrillator：自動体外式除細動器）がどこにあるかということ

を把握しにくかったという課題があります。AEDは、行政機関が持っていることが多いのですが、行政機関は夜間閉鎖しているため、夜の使用ができません。一方、コンビニは24時間開いています。近くのコンビニに交渉して、AEDを置いてもらえるようにすることを考えています。今ある資源を少しずつ結びつけて、地域の人にも使ってもらえるような、そんな地域開発を考えています。

　震災後、山田町には全国の社会福祉士会からソーシャルワーカーが2人ずつ派遣されていました。本来、ソーシャルワーカーは支援対象者をみて、情報を整理し、アセスメントをして、プランニングするというプロセスを踏むのですが、現地の職員は災害後の支援活動のため、時間がなく、また社会福祉士会から応援に来たソーシャルワーカーも、およそ1週間程度の滞在のため、その期間内だけでは支援につながらないということが課題としてあがっていました。このため、支援対象者の情報を把握できる体制があると後方支援がしやすいということで、山田町では認知症高齢者のためのケアマネジメントを展開するためのツールであるセンター方式のように、情報を付け加え記録していくしくみをつくりました。今後、どの地域でも災害時にこのようなしくみができると、社会資源にも結びつけやすく、支援が可能になるのではないかと感じています。

4　インタビューを終えての学生の声

　瀬戸さんが利用者を見る視点、支援を考える観点は、ストレングスの視点でした。被災している／被災していないにかかわらず、その人の「強み」を引き出すことが大切だと感じます。何かのきっかけで強みがわかると支援につながる、と瀬戸さんが明確に話してくださったことが印象的でした。

　専門職として何もできなかったと言われていましたが、話を振り返ると、瀬戸さんのなかに「福祉」「ソーシャルワーカーの理念」が基盤としてあるのが、明確に感じ取れました。そして、このような基盤があるからこそ、震災直後、命をつなぐことで精一杯の日々だったにもかかわらず、一人ひとりのことを考えたかかわり方ができたのではないかと感じました。

瀬戸浩氏へのインタビュー（2014年3月6日）

また震災直後、グループホームの利用者に瓦礫がたくさんある光景を見せてよいのか迷ったそうですが、瀬戸さんらは利用者を外へと連れて行き、景色を見せたそうです。すると利用者は「あら。何があったの？」と聞き、次の日もまた外へ出ると「あら。何があったの？」と聞いてきたそうです。このとき、瀬戸さんは救われた気がしたと話してくださいました。利用者から瀬戸さんが力を与えられたというエピソードが印象的でした。ソーシャルワーカーとクライエントはシステムのなかで影響し合う、と大学の講義で学修したことを思い出し、納得することができました。

　また、瀬戸さんはふだんから法人内のつながりを大切にし、地域住民とも積極的にかかわりをもっていました。目先のことだけではなく、何かあったときの対応なども念頭に地域資源開発がなされていたと感じられ、ソーシャルワーカーの視野の広さと活動の幅の広さを実感させられました。

　今後、私たちソーシャルワーカーのタマゴは「情報収集する力」、「アセスメント力」、人脈を使うなどの「調整力」を身につけていかなくてはならない、と瀬戸さんは教えてくださいました。特にアセスメント力は、ふだんの生活のなかから磨いていくことがポイントであり、その方法は事例を見ることだとおっしゃっていました。1人だけでなく複数の人数で事例検討をすると人によって違う意見が生まれ、自分自身に足りない視点がわかるといいます。また今回の「ソーシャルワーカーの"声"プロジェクト」のようにフィールドに出ていくことで、机上では見えない課題にも気づくことができ、それも方法の一つだと教えてくださいました。私たちは瀬戸さんへの貴重なインタビューを通して、真のソーシャルワーカーになりたいと強く感じました。

5 インタビューを終えての教員からのコメント

　学生は、時には災害後の過酷な状況を受け止めることが精一杯な表情を見せながらも、真剣な面持ちでインタビューを行っていました。そんな学生の姿を前にしているからでしょうか、瀬戸さんは詳しく当時から現在までのご自身の活動を振り返ってくださいました。また、ソーシャルワーカーにとって大切なこと、つまり「アセスメント」と「ストレングスの視点」については、どんなときでも重要なのだということを、さまざまなエピソードを通して学生に伝えてくださいました。災害があってもなくても、ソーシャルワーカーにとってもっとも重要なのだと繰り返し述べられていました。その揺るぎない姿、静かではあるが確固とした思いに、ソーシャルワーカー魂を見ることができました。

　学生たちは4年生になる前の3月にこのインタビューを経験しました。また、このインタビューで得られた知見を、さまざまな人を対象に伝えるという経験もしました。その後、ソーシャルワーカーへの憧れは増した、と4名の学生は口をそろえています。現在、1人は社会福祉協議会の生活困窮者支援のソーシャルワーカーとして、1人はスクールソーシャルワーカーとして、2人は施設職員としてソーシャルワークの実践者となりました。難しい仕事だと頭を抱えながらも、彼女たちは目の前の方々（地域住民、子ども、施設入所者等々）に向き合っています。被災地のソーシャルワーカーの声は、ソーシャルワーカーのタマゴである学生を育ててくれたのです。

6 インタビュー対象者の声

　「ソーシャルワーカーの"声"プロジェクト」のインタビューを受けるかどうか、正直迷いました。しかし、話をして整理ができたこともありました。学生にはそういうジレンマを抱えてインタビューを受けている姿からも学んでほしいと思っていました。被災地のなかで支援しているということ、そのなかで抱える気持ちや葛藤についてもしっかりと考え続けてほしいと願っています。

また、ストレングスの視点とはどういうことなのかを考えて学んでいくことは、ソーシャルワーカーになるにはとても重要なことだと感じています。例えば、小さな視野のなかで見ると、クライエントの困っていることやできないことは大きなこととして生活を占めているように見えます。しかし大きな視野、広い視野でクライエントやクライエントが生活している環境を眺めて、そのなかでクライエントの困っていることを見ると、同じことでも小さく見えてきます。つまり、ソーシャルワーカーがクライエントをどのような視点で見ているのか、ということに左右されるということです。日頃からさまざまな人々が生活する地域や環境に関心をよせ、アセスメント力の向上を意識してほしいと思います。アセスメント力をしっかりと身につけ、一人前のソーシャルワーカーとしてそれぞれの現場で活躍されることを願っています。

参考文献

- 山田町震災復興事業共同企業体ホームページ（http://yamada-cmjv.jp/modules/photos/）
- 廣井悠、山田常圭、坂本憲昭「東日本大震災における津波火災の調査概要」『地域安全学会論文集』No.18　pp.161-168　2012 年
- 岩手県『岩手県東日本大震災津波の記録』2013 年

2-5 日本社会事業大学の報告

1 いわき市の被災状況

　福島県いわき市は、福島県の東南に位置する人口325,893人、世帯数128,551世帯のまちである（2014（平成26）年時点）。2011（平成23）年3月に起きた東日本大震災では、最大震度6弱を観測し、市内沿岸部全域に津波が押し寄せ、浸水高は岩間町で7.66mとされている。また、原子力発電所による被害については、30km以内の屋内退避区域に一部

地域が指定されたが、屋内退避や避難が行えるように準備をしておくことが求められる、「緊急時避難準備区域」からは対象外とされた。

　いわき市での東日本大震災による建物被害は、全壊7,902棟、大規模半壊9,253棟、半壊33,146棟、一部損壊40,879棟、そして464名の尊い命が奪われた（2016（平成28）年9月現在）。

2 プロフィール

インタビュー対象者：新妻寿雄

　NPO法人わくわくネットいわき理事長。45歳のときに、前職の退職金をもとに「セカンドハウスわくわく」を立ち上げる。震災後、相双地域から避難してきた障害をもつ子どもたちの支援も行う。

インタビュアー：佐藤茉奈
　日本社会事業大学社会福祉学部福祉援助学科3年生（当時）。「ソーシャルワーカーの"声"プロジェクト」の第二次派遣（岩手県）と第五次派遣（福島県）に参加。現職、児童自立支援施設職員。

担当教員：菱沼幹男
　東日本大震災後、学内の災害支援ボランティアセンター設立にかかわり、学生たちのボランティアバスを支える。「ソーシャルワーカーの"声"プロジェクト」の第二次派遣（岩手県）と第五次派遣（福島県）に参加。

3　新妻寿雄氏へのインタビュー録（抜粋）
インタビュー実施日：2014（平成26）年3月6日

障害をもつ人たちにとっての避難所でのニーズ

　震災後どういったニーズがあったかというと、避難場所が体育館とか公民館でしたが、自閉症の人は多動性があり、動き回ったり、急に走ったり、大きな声や奇声を発したりといった特性があります。避難場所はいつもと違う環境で、行動が制限されるので、パニックになったりして不安だと思います。1～2日はいられたとしても3日目、4日目になると、子どもたちもやはりイライラしてきます。一緒に避難場所にいる方々も、時間の経過とともにイライラしてきますから、「うるさい」、「もう出ていけ」などと言い出したりします。ですから、もう体育館にはいられなかったことを理由に、皆さん自宅に戻っていきました。自宅には灯油もない、電気・水道のライフラインもない、ストーブもない寒いなかにいました。そのなかで一番必要だったのは、やはり食べ物でした。あとは、養護学校を卒業しても、まだ紙おむつを使っている人もいました。交換するおむつがないということが想像つかないと思いますが、大変でした。私は、紙おむつをもらいにいわき市本部消防署まで行きましたが、優先的に配給されるのは、病院や医療施設、そして入所支援施設でした。自宅にいる方のためにもらいに行きましたが、「そちらが優先です」と言われてしまいました。

事業所の職員も被災者だった

　3月11日は、夜中まで事業所にいました。次の日は全職員で事業所の片づけをしていましたが、お昼頃に原発の建屋が崩壊して、いわき市にはもう人影がありませんでした。その後1週間くらい休みましたが、職員で避難する人は少なかったです。ただ、海岸近くに家があった職員は、津波のため、家族で高校の体育館に避難したりして大変な状況でした。最初は5人、6人の家族でも一家族おにぎりが1～2個でしたから。そういう生活が1週間くらい続いて、それでも職員はいわき市に残ってくれて、とてもありがたかったです。

　3月21日から事業所を開きました。なぜかというと、体育館にいられないし、避難所にもいられなくて、みんな自宅に戻っていましたが、やはりそれほど家にいられなくなり、「早く事業所を開所してください」との希望が増えてきました。事業所は、トイレが使えなくなっていました。そこで、トイレの水は、川や井戸水から汲んできました。ペットボトルも集まらなくて、飲み水の確保も大変でした。あと、事業所には幼児から成人まで150人くらい利用していますが、職員全員でその方たちの安否確認の連絡をしました。

震災後の利用者の様子

　今までてんかん発作がなかったのに、急に発症したという利用者もいました。また、海岸を通ると、「津波、津波」と言って、車の中でパニックになる人や、余震が多かったこともあって、不安になり、「地震おしまい」、「地震おしまい」、「これでおしまい」と騒いだり、パニックになる人もいました。あとは、吐いたり、机の下に隠れたりという利用者も多かったです。余震がその後1か月間以上も続いたので、不安か

福島県富岡町（2014年3月5日）

らそうなるのだと思います。

　そうした利用者の状態は、1年間続きました。そんなときは利用者にきちんと「そばに職員がいます」、「私たちがいます」と話しかけ、安心させる援助と環境づくりに努めました。震災から3年が経ち、今では避難訓練にも参加できますし、海岸のほうに車を走らせても落ち着いて乗車できています。

新妻寿雄氏へのインタビュー（2014年3月6日）

ソーシャルワーカーとして大切なこと

　ソーシャルワーカーとして何が大切かというと、行動力だと思います。つまりフットワークです。あとは、チームワークです。まずは行動を起こさないとダメです。利用者が何で困っているのか、何で不安を感じているのか、何を必要としているのかを調査し、それに対して私たちがしっかり行動していくことが必要です。知・徳・体という言葉がありますが、やはり体を張って行動することです。そういう意味でソーシャルワーカーは、頭で考えることも大事ですが、とにかく利用者の自宅に電話連絡をして、取れなかったら訪問するなどして直接足を運ぶことです。「何か困っていることはありませんか？」と、発信する力や行動力が一番かと私は思います。

　地域にないサービスは、自分たちでつくり上げるのです。人のため世のためとまでは言いませんが、その地域で何のサービスが足りないのか、それを行政ができないのであれば、ソーシャルワーカーがやればいいのです。社会福祉士は、専門性や自分のストレングスを活かして、行動を起こすことが大切です。一番肝に銘じているのは、徳を求めて利を求めず、だと思います。利益優先でやると、やはり軸足がぶれてきますし、大事なのは、利用者主体ということです。その後方支援をしていくのが私たちだと思っています。転んだとき、前のめりそうになったときに、手を差し伸べる、というところを

大事にしています。

被災地が抱える課題

　いわき市には障害児・者を受入れする福祉避難所がありません。災害はいつ来るかわかりません。今後は行政が中心となって、福祉マップや福祉避難所等をしっかりと福祉計画のなかに入れなければならないと思います。

　ある障害児が、震災後に入所支援施設、自閉症専門施設でお世話になっていたのですが、施設から戻ってきた途端、パニックを起こしていました。親元を離れていましたから、余計にそうなったと思います。そういう場合、早急に福祉避難所が必要です。では、福祉避難所はどこがよいかというと、子どもたちが慣れ親しんでいる養護学校が望ましいと思います。養護学校の先生たちは、日頃から彼らとかかわっており、一人ひとりの特性や性格をわかっているからです。また、学校は耐震設計されているから安心です。

被災地の人間としての想い

　福島の現状は、宮城と岩手とはまた違います。私は最近、出張で東京などへ行くのですが、皆さん、都会ではこのところ原発や東日本大震災の話題が出ていますか。私は出ていないと思っています。今回の事故が時間とともに風化しているのを強く肌で感じています。皆さんにわかってほしいのは、科学は万能ではないということです。まさかこのようになるとは誰も考えていなかったと思います。原発施設が「100年間は大丈夫です」と言っておきながら、脆くもこのように崩れてしまったわけです。漁業も自然も本当に豊かな地域が無惨な状況になってしまいました。本来であれば英知を活かして漁業や自然を活かした事業で地域の発展、企業と経済の確立を図っていけばよかったのでしょう。しかし、このようになってしまったら、もう帰りたくても帰れないと思ってしまいます。震災直後の浜通りですが、特に原発周辺地域には「老人だけ」「もう帰ってくるな」「子どもなんか産めねえ」「これからどうすんだ」と本当に不安でした。地域の人たちは、今まで国のことを信用して原発を許してきました。でも今となっては、信用できません。この先、誰が責任をとり、補償してくれるのでしょうか。

4 インタビューを終えての学生の声

　NPO法人わくわくネットいわきの理事長である新妻さんは、障害福祉分野35年のキャリアをもつソーシャルワーカーでした。

　震災発生当時に日用品や食料品が利用者の元で足りていない状況を見て、職員が届けに行くことからはじまり、日にちが経って精神面での負担が増えてくると、利用者やその家族の居場所を提供していったそうです。この話を聞いて考えられたのが、震災発生からわずか10日で事業所を再開したことも、2000（平成12）年に事業所を立ち上げた際も、「その地域に必要な資源をつくり出す」という概念は同じであるということです。居場所づくりというのも、ただ場所を用意するだけではありません。利用者がこころから安心できる環境を、ふだんから培ってきた援助技術によってつくり出すことに重点を置いていたそうです。

　震災を経て、本当に大切な資源は人である、というお話が印象に残っています。震災当初、地域に福祉避難所がなく、障害がある人が避難所にいられなくなったという現実があったそうです。そこで、福祉避難所をつくりましょうという話だけにとどまらず、理解する人、理解できる人を増やしましょうという目標になるところが、ソーシャルワーク的な視点であると感じました。人や地域を変えていけるのがソーシャルワーカーだ、と力強く語る新妻さんのお話が、これからの社会福祉を担う一員となる、私たちへのエールのように聞こえました。

　お話を聞いて、震災の際に特別な支援が行われたわけではなく、新妻さんがふだんからもっていらっしゃる「ソーシャルワーカーは行動力・利用者主体を大切に」という信念が、非常

新妻寿雄氏と日本社会事業大学の学生たち（2014年3月6日）

時にも発揮されているように感じました。インタビュー当時、学生だった私自身、就職をして社会福祉従事者となりました。日常的な支援においてソーシャルワークの基盤を培い、非常時にも専門性を発揮できるソーシャルワーカーを目指そうと思っています。

5 インタビューを終えての教員からのコメント

　新妻さんのお話を学生たちとともに聞くなかで、これまで障害をもつ子や親を支えるために尽力してきた実践には、障害をもつ子や親、そして職員も含めて、人を想う気持ちと専門職として果たすべき揺るぎない信念が根底にあることを感じました。学生たちは新妻さんの想いが琴線に触れたようであり、インタビューの最後には学生たちが目に涙をためながら聞いている姿が印象的でした。インタビュー後には、TEACCHプログラムを実践している現場もご案内いただき、一人ひとりの子どもたちの発達に応じて、すべて手づくりの教材を活用されている取り組みを見せていただきました。そこでは「必要なものをつくる」という考えに基づいた、創意工夫あふれる実践が日常的に行われていたのです。今回のインタビューを通して、ソーシャルワーカーは災害等による緊急時あるいは日常生活であっても、相手の状況をしっかりとアセスメントし、既存の社会資源を最大限に活用しつつ、もしくは行動力によって社会資源を生み出し、必要な支援を行っていくことが重要な本質であると認識しました。そして、最後のメッセージとしていただいた福島の現状に関心をもち続けることは、社会に埋もれてしまいがちな問題に絶えず目を向けていくことの大切さにつながるものだと感じました。学生たちが将来、ソーシャルワーカーとして仕事をするなかで迷いが生じた際に道標となる言葉をいただいたと思います。インタビューに快く応じてくださった新妻さんにこころから感謝申し上げます。

6 インタビュー対象者の声

　震災後まもなくのインタビューでしたので、多少気分が高ぶっているのが、

当時の文章を読み返しての第一印象でした。震災後から5年半が経過して、事業所も大分落ち着きを取り戻してきています。事故後、てんかん発作を初めて起した方、また微震がきておどおどして「津波、津波」と言っていた利用者も毎日元気に通って来ています。最近思うのは、日々の生活が落ち着き安定してくると、生活支援ができるようになり、その延長線上には、自分の人生を楽しく生きるといったライフワークに関係していることを、肌で感じています。私が日々の生活で大切にしているのは、「人間は我慢で我慢は育たない」つまり安心感がこころを強くし、優しくしてくれるのだということ。実はこれも利用者から教わったことです。

　2年前にインタビューを受けたときの「ゆいまーる・ふたば」は福島県からの委託事業所でした。しかし、被災者が3万人近くいわき市に避難している状況、その後も大きな変化がないことから、2016（平成28）年4月より児童福祉法である福祉サービスに移行しました。大きな理由としては、子どもたちが安定した環境で利用できるようにということで、双葉郡（6町）南相馬市の6町1市と直接登録いたしました。現在でも40名近くの子どもたちが利用しております。

　当時社会福祉士は、まずソーシャルワークの前に利用者のために体を動かし、汗を流すことが大事ですとお伝えしました。それは「労苦惜しまず働く」ことはもちろんですが、同時に地域社会資源がなければ行動を起さなければなりません。当時福祉避難所が皆無であったのが、その後市内に25か所までになりました。「なければつくる」はソーシャルワーカーの基本と思っています。

　震災後まもなくの時期に、日本社会事業大学社会福祉学部の菱沼先生はじめ、多くの学生に事業所まで足を運んでいただきまして、誠にありがとうございました。感謝申し上げます。

参考文献

・いわき市『東日本大震災から1年　いわき市の記録』いわき市行政経営部広報部広報室およびプロジェクトチームいわき未来センター　2012年

第3章 語り部活動の取り組みと意義

語り部活動の位置づけ

「ソーシャルワーカーの"声"プロジェクト」のプロセスは、おおむね、図1のようにまとめられます。

第1段階(知る)では、大規模自然災害に関する一般的な情報を手に入れると同時に、自らが学んでいるソーシャルワークの枠組みで災害を考える事前学習を行います。この段階では、学生たちはふだんの授業と同様に、災害あるいは災害支援を自分の世界の外に置く傍観者にすぎません。

事前学習において一定の知識を得たうえで、被災地を訪れてフィールドワークを行います(第Ⅰ部第1章参照)。第2段階(見る)のフィールドワークにおいて、災害支援を行ったソーシャルワーカーへのインタビューを行うことを通して、災害支援を疑似的に体験することで、被災

図1 ■「ソーシャルワーカーの"声"プロジェクト」のプロセス

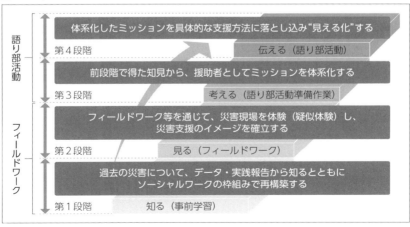

地・被災者についてより深く、自らの問題として考えることになります。実際に災害支援を行った現地のソーシャルワーカーの話を聞き、時には涙を流しながら行われる「語り」を耳にし、学生たちは激しく揺さぶられます。彼らは、実際に多くの犠牲者が発生した激甚被災地に出向き、瓦礫(がれき)の山となった町並みを目にし、時には家族を失った被災者の話に耳を傾け、そのような状況においてソーシャルワーカーも感じるであろう「圧倒的無力感」を覚えます。このような体験のうえで、ソーシャルワーカーの話を聞くことによって、傍観者から当事者へ少しずつ近づくことになります。これだけでも学生にとっては貴重な体験でしょうが、そこで終わればインタビューの成果は学生の内面にとどまることになります。本プロジェクトの意義は先にあります。

　東日本大震災の被災地では、多くの被災者が生活再建の困難な状況に直面しています。なかでも、高齢者・障害者・児童など、「災害時要援護者」と呼ばれる人々については、幅広い支援が求められてきました。実際、被災地のソーシャルワーカーは、そのような人々の暮らしに寄り添いながら、専門職としての技術や知識、経験をもとに、社会資源を駆使し、日常生活を取り戻すための支援を懸命に行ってきました。しかし、その一方で、これまでの大規模災害における支援活動でも指摘されてきたように、「ソーシャルワーカーの姿が見えにくい」という実態もありました。そこで、本プロジェクトでは、東日本大震災で災害支援活動に従事したソーシャルワーカーに災害直後からの活動について話を聞くこと、そして、ソーシャルワーカーの取り組みを記録として残し、それを広く伝えていくことの二つの活動を展開することになりました。フィールドワークの成果を可視化し、社会に発信することなしに本プロジェクトは完結しないことから、この取り組みを「学生"語り部"プロジェクト」としました。

2 語り部活動の取り組み

1. 語り部活動の準備作業（第3段階：考える）
①インタビューの分析

　フィールドワークから帰ってきた学生がまず行うことは、インタビューの録音を逐語化することです。これは単に、「語り」を可視化することにとどまらず、ソーシャルワーカーの言葉を慎重に聞き取りながら、声のトーンや文脈から言葉の意味やそこに込められたソーシャルワーカーの「想い」を読み取ることまで含まれます。意味がわかりにくい部分は何回も再生し、文脈を理解しながらインタビュー対象者が言わんとするところを探ろうとしていました。

　逐語録が完成した後は、各自で内容を理解するまで読み込み、その後、グループで分析する作業に移ります。

　分析作業は各グループがそれぞれで考え、あるグループはKJ法を用いて構造化したり、別のグループはグループ討議を重ねて抽象化しようとしたりしていました。本プロジェクトは学術研究ではないため、明確なエビデンスを求める必要はなく、ソーシャルワークを学ぶ学生の感性を通じて、大規模災害におけるソーシャルワーカーの姿を浮き彫りにしようとする取り組みですが、一方で、その後に続く語り部活動において何を伝えるのかに直結するものなので、抽出された一つひとつの概念については、彼ら自身が説明しなければなりません。発展途上の学生にとってこの作業はことのほか困難であったようで、膨大な時間と努力が必要でした。

　インタビュー対象者がソーシャルワーカーとして「何ができたか」を知るためには、「ソーシャルワークとは何か」を理解しなければなりません。大学の授業でそれなりに学習していましたが、その時は意識から遠く離れていたソーシャルワークの価値や社会的ミッションといった言葉を改めて考え直すとともに、専門書のなかにその答えを見出そうとしていました。学生たちにとって、「ソーシャルワークとは何か」といった抽

象的概念は最も不得意とするところでありますが、彼らは彼らなりの答えを見出そうともがいていました。

「ソーシャルワーカーの"声"プロジェクト」は、開始から5年間継続しましたので、その間、フィールドワークに行くたびに数々のグループが形成され、そのグループごとに分析作業を進め、独自の結論を出しました。

（学生たちが導き出した災害時におけるソーシャルワークの特徴は第1章の**表3**を参照ください。）

② **プレゼンテーションの準備**

分析作業が終了すると、次は、それを伝えるための作業を行わなければなりません。語り部活動の対象は、ソーシャルワークという言葉も知らない高校生から、現職のソーシャルワーカーまで幅広く、それぞれに応じたプレゼンテーション資料やフィールドワークで撮影した写真を用いて、映像資料を作成しました。この作業における学生の苦悩は、自らの思いを短い言葉で表現することです。特に映像資料については、1枚の映像に使用する文字数は極端に限られているため、言葉の選択にかなりの時間と労力が必要であったようです。それまで日常生活において、これほど言葉の意味を考えたことはなかったといった感想を述べた者もいました。彼らが社会人となり、福祉現場で働くことになったとき、言葉は最大の武器の一つであることは間違いないことを踏まえ、的確な表現については徹底的にこだわった感があります。

ミーティング風景

グループ作業を続けていくなかで、学生と教員が常に確認してきたことは妥協しないということです。本プロジェクトは、調査研究でないと同時に、教育活動でもないと公言しています。「災害支援を行ったソー

シャルワーカーの姿を、その想いとともに社会に発信する」というミッションを学生と教員が協働して行うというものであり、さらに外部からの補助金も受けている以上、一定のクオリティを維持し、さらには説明ができる成果を上げなくてはなりません。つまり、教育である限りその結果責任は最終的に教員が負うべきですが、本プロジェクトは教育ではなく、社会的ミッションの遂行を学生が教員の支援を受けながら行うものである以上、学生自身も相応の責任を負担しなければなりません。もちろん個々によって濃淡はありますが、プロジェクトに参加した学生はこのことは十二分に意識しながら活動を続けてきました。

　プレゼンテーション資料ができあがった後は、リハーサルを行います。まずは先輩メンバーやプロジェクトの教員相手の予行演習ですが、ここでは、かなり辛辣な指摘がなされます。教育活動では、努力したことが評価されますが、本プロジェクトは成果にこだわる以上、低いクオリティのプレゼンテーションでは語り部活動に移行するわけにはいきません。また、資料が一定の水準に達していたとしても、それを表現する技術が伴わなければ成果を上げることもままならないでしょう。これは学生にとっては高い要求水準ですが、彼ら自身が自らに求める水準は教員の想像以上でした。

2. 語り部活動（第4段階：伝える）

　関西福祉科学大学の学生は、おおむね、**表1**に記載した対象に語り部活動を実施しました。

　語り部活動は、さまざまなルートから依頼があり、依頼があれば窓口となる学生を決め、担当学生が内容・方法を対象となる団体の代表者と打ち合わせをしながら進めました。日程に応じてグループを編成し、プレゼンテーション資料をカスタマイズしていきます。

　例えば、対象者が高校生であれば、「ソーシャルワーカーとは何か」を平易に伝えるためのスライドを資料に加えるなどの微調整をしていきました。

　語り部活動の最後には、毎回アンケートをとり、活動の成果を確認するようにしていました。以下にその一部を紹介します。

> 自分は被災地を訪れることも何かをすることもできなかったけれど、話を聴いて初めて学生の自分たちでもできることがあったのだと思った。それは、ソーシャルワーカーの人達の思いを伝えることだ。これまで自分たちにできることは何だろうと悩んでばかりいて、結局何もできなかったけれど、これからは（自分たちにも）できることが見つかったので、どんどん頑張って活躍できるようになりたい。あらためて、ソーシャルワーカーのこともよくわかった。　　　　　　　　　（大学生）
>
> ソーシャルワーカーという職業について知ることができました。震災のことを忘れないようにしたいです。ソーシャルワーカーのことをかっこいいと思いました。また、ソーシャルワーカーのことを知りたいと思いました。　　　　　　　　（高校生）
>
> 同じ世代が伝えるからこそ、心に残るものがあった。ソーシャルワーカーの専門性はいかなる場面においても活かすべき技術だと思った。　　　　　　　　（大学生）
>
> 災害時、ソーシャルワーカーはどう動いたのか、どのような葛藤があったのかを知ることができました。また、そこから、平常時でのつながりの大切さ、さらには、ソーシャルワーカーとして、どうあるべきかという話まで聴くことができ、たいへん勉強になりました。福祉行政に携わる福祉専門職として、どうあるべきか、何をなすべきか…各々が悩みながら、現場で働いている中、大きなヒントになり、刺激にもなりました。どの領域においても、"状況に介入できるソーシャルワーカー"を目指して日々研鑽をしていきたいと思います。　　　　　　　（福祉行政職）
>
> きっと被災地のソーシャルワーカーさんたちも自分達の価値とか専門性などあまり考えたことがなかったのではないかと思います。それを学生のみなさんにインタビューされることで考えるきっかけになったのではないでしょうか。私自身もみなさんのお話を聴いて、福祉職としての在り方、存在意義などを考えていくきっかけになりました。　　　　　　　　　　　　　　　　　　　　　　　　　（社会福祉士）

　語り部活動の終了後、学生たちはアンケートを丁寧に読み、自らのプレゼンテーションの評価を目にすることになります。大半は肯定的評価ですが、なかには厳しく辛辣な自由記述もあります。しかしながら、そのような否定的な記述をした参加者こそが、発表を真剣に聞き、内容を吟味し、長文の記述をしていることに気がつくようになりました。

　数多くの語り部活動のなかで、学生たちにとって印象深いものが二つあります。

　一つは、2013（平成25）年12月に実施した岩手県・宮城県・福島県で行った報告会です。複数大学の学生チームが、インタビュー対象者を

表1 ■語り部活動の対象

区分		対象者
大学内	合同ゼミ、災害支援論（授業）	大学生・教員
	学内報告会	教職員
	オープンキャンパス	高校生とその保護者
	教育後援会	保護者
高校	模擬授業（出前講座）	高校生
	修学旅行（被災地）の事前学習	
他大学	福祉系大学の授業	大学生・教員
	災害関連イベント	
一般	市民講座	一般市民
	自治会等の勉強会	
イベント	大学祭（ブース開設）	来場者
	市民祭（ブース開設）	
関係団体	社会福祉士会	専門職
	社会福祉協議会	
	自治体	
メディア	新聞取材	—
	ラジオ出演	
その他	学会	専門職・研究者
	シンポジウム	
	研究会	

中心とした社会福祉士会会員に「ソーシャルワーカーの"声"プロジェクト」の報告をする機会を各社会福祉士会の協力を得て行うことができました。

　これは、インタビューを行った学生チームが、フィールドワークの成果を報告し、実際に災害支援を行った社会福祉士から意見を聴取するというものでした。インタビュー対象者にインタビューから得た学びを報

告するという、学生にとっては相当緊張感の高い機会であったでしょう。

語る方も聞く方も涙を流しながらの報告会でした。

> インタビュー当時は、忙しい中で、インタビューを受けることに若干の抵抗があったが、自分たちの取り組みを語る中で、自分自身の取り組みについて見直すきっかけにつながり、意味があったと感じている。ソーシャルワーカーのクライエント観でもあるが、カッコ悪く生きている人もかっこいいと思えるのが我々の感覚。それが学生に伝わったと思えると我々にとって喜ばしいことである。（社会福祉士会会員）

> 宮城での意見交換会や東京でのシンポでの学生発表などで、学生の話を聞いたが、率直に感動した。「傾聴・受容・共感等の専門技術を活かして、無意識のうちに静かにSWが実践されていた」「アウトリーチでの関係づくりやネットワークづくりなど、つなぐことが支援になっていた」「全体の調整（コーディネイト）を目指していた」と点と線と面のSWを抽出し、また、災害時非常時だからこそ「平常時の取組み」「日頃の連携」「日々のつながり」の大切さが見えてきたと観察し、貴重な体験を通して成長した自己を認めつつ、絶大な評価を下したのである。当会の面々は、茫然とした無為の中にSWの実践を抽出してもらったこと、非常時には平常時の力が活きると指摘してもらったことは、最強のエンパワメントの享受でもあり、「SWという職業に魅力を感じた」「被災地のSWの姿——かっこいいと思った、私もなりたい、なってみせる」は学生からSWへの、実習生から指導者への、後輩から先輩への最高の「お返し」であった。　（宮城県社会福祉士事務局長：当時　高橋達男）[1]

報告会終了後の食事会では、インタビュー対象者とインタビューを行った学生が、輪になって話し込んでいる姿が目に入りました。そこには、独特の暖かな空気が流れ、両者に見えない絆を感じました。宮城県のある社会福祉士から、「東北にあなたたちの仲間がいることを忘れないで」と学生にメッセージが寄せられたことは印象的でした。

もう一つの語り部は、2016（平成28）年2月に開催した「災害支援を考える学生シンポジウム in KOBE」です。これは、それまでの活動の総括として阪神・淡路大震災を経験した専門職も踏まえ、大震災から20年を経過した神戸の地で行おうとするものでした。企画立案から案内文、ポスター作製、シンポジスト、講演者への依頼、当日の進行管理などすべて学生の手により実施されました。

シンポジウムの前日には、阪神・淡路大震災で甚大な被害にあった神戸市長田区においてフィールドワークを実施し、夜は学生企画のワーク

ショップ、さらには、ゲーム形式で災害対応を学ぶことのできる防災教育教材である「クロスロード」を行いました。

シンポジウムでは、学生による「ソーシャルワーカーの"声"プロジェクト」の報告に加え、阪神・淡路大震災当時、ソーシャルワーカーとして支援活動に従事した神戸市職員、障害者施設職員、宮城県社会福祉士会会長、関西福祉科学大学学生を交えての座談会も行われました。阪神・淡路大震災と東日本大震災は、災害の様相に大きな差がありますが、共通してソーシャルワーカーが「静かに命を守る」取り組みをしていたことを改めて発見するに至りました。学生にとっては、シンポジウムの内容もさることながら、一般市民・関係者も含め、大学以外の人々を招いてイベントを開催することは初めての経験であり、戸惑いながらも懸命に準備作業を遂行しました。当日参加した関西福祉科学大学学長もあいさつのなかで、「うちの学生もやるものだと再発見した」と評価したほどでした。

> 福祉の仕事に携わる中で、立ち止まって「SWとは何か」「何ができるのか」と考える時間が本当に少なかったように思います。そんな中、今日のシンポジウムでは日常の業務と離れ、そういったことを考えるきっかけにできました。シンポジウムをして下さった学生の皆様に本当に感謝します。これからも社会福祉士として様々な「思い」に触れたいと思いました。 　　　　　　　　　　　　　　　　　　（福祉関係者）

> これからを担う、学生の頑張りやこのプロジェクトが始まった当初に比べて中身の規模も分厚く大きくなった姿に強い期待、必要性を感じました。今、働いている職場で今自分にできる事前準備また、自宅でできること。それを意識して行うことで今後災害が起きたときに、自分にできることの幅が広がり、実際に災害を経験したソーシャルワーカーの方々の思いを繋いでいけるのではないかと思いました。本当に良いシンポジウムでした。 　　　　　　　　　　　　　　　　　　（福祉関係者）

3　語り部活動の意義

これまでに寄せられた感想から、被災地で活躍するソーシャルワーカーの声を学生の言葉で伝える語り部活動には、次のような点で、重要な意味

を見出すことができます。
- ソーシャルワーカーの仕事や、福祉専門職としての存在意義、価値を伝えることができる
- 日頃のソーシャルワークが災害という状況で活きてくることを確認することができる
- ソーシャルワーカーが自らの役割やはたらきを振り返るなど、フィードバックを得る機会となる
- 未来のソーシャルワーカーの育成につながる
- ソーシャルワーカーを目指す学生が情報を共有しながら、ネットワークをつくることで、今後起こりうる災害への備えをすることができる

災害支援を考える学生シンポジウム in KOBE

　災害時においては、多くのソーシャルワーカーが、支援者として、時には被災者として、支援を行っていくことに精一杯ななか、自らの取り組みを振り返る余裕はほとんどありません。特に、被災経験のあるソーシャルワーカーにとって、語り部活動は、支援者へのサポートや福祉専門職として自らの取り組みを再確認できる機会となり得るのではないでしょうか。

引用文献

1) 高橋達男「宮城県社会福祉士会によるプロジェクト評価」『ソーシャルワーカーの"声"プロジェクト　平成25年度事業報告書（独立行政法人福祉医療機構社会福祉振興助成事業）』福祉系大学経営者協議会　pp.146-147　2014年

第4章 被災3県の社会福祉士会からのメッセージ

4-1 宮城県社会福祉士会からのメッセージ

1 災害支援活動と「ソーシャルワーカーの"声"プロジェクト」の受け入れ経緯

　3.11発災直後、茫然自失状態に陥るも束の間、当会は翌週に災害対策本部を設置して支援活動に着手しました。沿岸部被災地の地域包括支援センターとその地域の被災状況を調査し、支援すべきセンターを指定したうえで、当該センターの社会福祉士の業務をほかから派遣した社会福祉士が協力応援する方式を活動の基本としました。当会会員への動員要請と日本社会福祉士会会員の派遣受け入れ体制を急遽整備し、活動を開始しました。その後、仮設住宅サポートセンター支援事務所運営事業、全戸訪問調査事業や被災地相談員派遣事業などを自治体等から受託し、支援活動に厚みを増しつつ会員総動員で任務を果たしてまいりました。

　その間も遠地からの御用聞きへの対応に翻弄される日々が続き、ニーズ不明の地域へも押しつけられる善意の名を借りたお節介の申し入れは重ねて襲い来る津波のようにも感じていました。なかでも福祉系大学等の学生グループと現地ボランティア活動の結びつけやその仲介には相当に難儀しておりました。そんな最中、またかと思いつつ熱意と勢いに気圧されて接待に臨んだ客人が、関西福祉科学大学の遠藤洋二先生でありました。先生の持参したプロジェクト企画は、これまでのほかの件とは真逆に、被災者・避難者への直接支援にあらず、被災地でのソーシャルワークに焦点をあてたもので、その意外性と斬新さは、当方の警戒感を見事に打ち消して、驚嘆をもってプロジェクトへの参画を快諾するに余

りあるものでした。

受け入れにあたっての目的設定と実施経過

　持参されたプロジェクト企画の趣旨は、かつての大災害時においてのソーシャルワーク対応の記録は極めて断片的にしか残っておらず、災害時のソーシャルワーク実践は極めて脆弱で軽薄かつ矮小な存在に見られがちでしたが、さにあらず、二次被害防止ともいえる生活再建場面にての「まるごと支援」のなかに、ソーシャルワークの強靭な存在を垣間見ることができた、今般こそ埋もれているソーシャルワークの掘り起こし作業に挑まなければならないというものでした。

　そしてプロジェクトの目的は、派遣された学生（インタビュアー）が被災地のソーシャルワーカー（インタビュー対象者）から支援内容や課題等を聞き取ることで、①災害支援のなかにソーシャルワークが存在することを検証し、ソーシャルワーカーの行動を顕彰すること、②その検証と顕彰の記録をアーカイブとして残し、広く社会に伝播し、次の災害時のソーシャルワーク支援への活用に資する、との内容でした。

　これを受けての当会の方針は、①②の目的に賛同協力することは当然のこととして、これから次世代の社会福祉士を目指す後輩学生に対して先輩社会福祉士の現任の生の姿と動きをあらわす絶好の機会ととらえ直すとともに、恥ずかしさを抑え堪えて、③援助技術現場実習の一環とみなしてフィールドを提供し、学生が目指す自らのソーシャルワーカー像を描くことに資すること、をコンセプトに付加して据えることとしました。

　訪問インタビューの実施に向けて、被支援社会福祉士と支援社会福祉士の両者から被聴取者を選任し、2012（平成24）年3月の第一次派遣対応に8人、同年9月の第二次に4人、2014（平成26）年3月の第三次に6人、同年9月の第六次に6人、2015（平成27）年3月の第七次に4人、同年9月の第八次に6人、計延べ34人の社会福祉士たちが聴取に応じ、スケジュールをこなし終えました。終わった直後のソー

シャルワーカーは、口ぐちに皆こぞって「緊張した、どう受け止められたか、役に立てたか不安だ」と本部に報告を寄せたものでした。

　ほかに、宮城県の復旧復興状況と支援活動取り組み状況を報告説明する機会を、プロジェクトの毎次の集合研修に組み入れていただきましたし、2013（平成25）年12月と2016（平成28）年1月の2回にわたり、学生たちによる現地成果報告会も催され、関係者相互の意見交換の場をもつことができました。

3　学生側のプロジェクト成果とその評価

　これまでに発出された各報告書、現地で開催された報告会や意見交換会、東京・神戸で開催されたシンポジウム、はたまた、もう一つのプロジェクトの語り部活動などのなかで、このプロジェクトの成果等について、多くのことが語り述べられています。

　「何もできなかったと圧倒的無力感を抱いて、もっとできたのではと後悔の念に苛まれ、反動して過度の頑張りにのめり込んでいた」と実態を把握し、そのなかでも「傾聴・受容・共感等の専門技術を使い、無意識のうちに静かにソーシャルワークが実践されていた」と分析し、発揮されていた専門性を「聞くこと、つなぐこと、調整すること、代弁すること」と検証されています。「被災者の思いにこころで寄り添っていた」「表出されない声なき声に耳を傾け、ニーズと強みを見つけ出していた」とも洞察を深められています。また「アウトリーチでの顔の見える関係づくりやネットワークづくりなど、つなぐことが支援になっていた」「個を見ながら全体の調整（コーディネート）を目指していた」「ニーズの橋渡しや外部へ届けることに力点を置いていた」などの観察もされています。また「支援は急にできたものではない」「平常時のソーシャルワークが基盤となっている」「非日常のなかで日常が鮮明になった」「平常時のつながりが非常時の役に立つ」とし、「平常時の取り組み、日頃の連携、日々のつながり」の重要性が見えてきたと指摘しています。そしてなお膨大

な聞き取り記録と資料を前に、その分析と検討に相当の時間を注ぎ込んで、専門性の抽出とその事例化を試み、終いに「初期アセスメントと気づき、介入時の道具活用、アウトリーチでのニーズの見出し、支援対象と資源とのつなぎ」と災害時ソーシャルワークのプロセスを仮定するに至り、「災害時は支援者への後方支援が最重要」とまとめています。

　学生たちは、被災地の現況を視察し、現場のソーシャルワーカーの生の声を聞き取り、その後の真摯な分析作業や伝達活動などに臨んだ貴重な体験を通じて、変容・成長した自己を認めつつ、「ソーシャルワーカーという職業に魅力を感じた」「被災地のソーシャルワーカーの姿 —— かっこいいと思った、私もなりたい、なってみせる」とプロジェクトの成果に絶大な評価を下しています。

4　当会の評価と総括

　発災からちょうど1年後にプロジェクトの対応を開始したことになるわけですが、当時の一種のトラウマ状態からよくぞ脱出できたものだと回顧するにつけ、大きな感慨を覚えます。プロジェクトの純粋で率直な力で引き上げていただいたお陰と、こころから感謝に絶えないところです。ともかくも、プロジェクトの受け入れ参画を決断し、重いこころと腰をやっと立ち上げて、インタビューに応じながら、結果として自らの行動の過去を振り返る機会を得られたことは誠に幸いなことでした。無為無策と覚しき行動のなかに、ソーシャルワークの静かな実践を掘り起こしていただいたこと、非常時にこそ平常時のつながりの力が活かされること、災害時は支援者への後方支援が有効であることなどをご指摘いただいたことは、われわれにとっての最大のエンパワメントになりました。

　シンポジウムのときなどに、かつて派遣されてきた学生たち（専門職の卵たち）に再会することが叶いましたが、そこで目の当たりにしたのは、生き生きと育った幼鳥の姿でした。しばらくの間に、卵からかえって巣立ちの後の姿でした。各々が社会福祉士資格を取得し、現任のソー

シャルワーカー職に就いた頼もしい姿でした。ひと時なりとも卵を温めた親の片方として、感無量の感慨に浴することが叶ったわけです。

図らずも、①ソーシャルワークの検証、ソーシャルワーカーの顕彰、②記録の蓄積、アーカイブの活用、の目的が達成の運びとなり、当会が付加した、③次世代ソーシャルワーカーの養成、の目標も達成が進んでいます。ゴールの見えない支援活動のなかで、疲労感を募らせ、トラウマ状態を患っていたわれわれにとって、「ソーシャルワーカーの"声"プロジェクト」との出会い、とりわけ専門職の"卵"たちとの出会いは、最大の励ましと最良の癒しとなり、これからも押し寄せるであろう困難にも立ち向かっていく勇気の源泉をもたらしていただいたこととなりました。感謝感激感慨の極みを感じていることにこころから感謝いたします。

災害支援を考える学生シンポジウム in KOBE（2016年2月7日）で報告を行う高橋達男氏

4-2 福島県社会福祉士会からのメッセージ

はじめに

　東日本大震災は東北・関東沿岸部に甚大な被害をもたらしました。特に岩手、宮城、福島の3県では大きな地震と津波により未曾有の災害となり、福島県ではその後の東京電力福島第一原子力発電所の事故によりさらに被害が拡大し、福島県だけではなく日本や世界中に大きな影響を与える災害となりました。大きな地震や津波が収束した後の復旧・復興に向けた取り組みと、いまだに続いている東京電力の原子力発電所の事故による被害は岩手県、宮城県とは違った福島県の抱える大きな問題であるといえます。そして福島県ではいまだに9万人近い方々が、もともと生活していた場所を離れ県内・県外へ避難を続けています（2016（平成28）年7月5日現在）。新聞をはじめとするメディアでは、震災の規模を表すために災害による人的被害や倒壊した建物の数などを繰り返し報道していますが、私たちソーシャルワーカーは「数」ではなくそこに一人ひとりの命や生活、家族や家庭、地域があり、その暮らしが奪われたりなくなったり崩壊したと考えています。一人ひとりの命が奪われ、大きな被害になっています。数にだけ目を向けるのではなく、その一人ひとりの命に向き合うことが私たちの大切な視点であると考えています。

1　福島の今

　大地震、津波、原発事故、それに続くさまざまな問題を抱えたまま、5年半が経過しました。一部の方々は自分の生活していた地域に戻り、またある方々は新しい土地で生活をはじめ、あるいは地域の復興のために

尽力している方々、いまだに被害を受けている方々などさまざまです。東京電力福島第一原子力発電所の事故による被害を受けた地域とその被害を受けていない地域（この線引きもいまだに曖昧かもしれません）とでは、現在の姿には大きな差があると考えています。また、原発事故による避難区域以外でも、いまだに除染作業が続いていることや毎日のテレビで「今日の各地域の放射線量」などがニュースになっているなど、私たちの生活のなかに日常と非日常が入り交じっていることも感じています。

2 福島県社会福祉士会では～被災者・避難者支援～

　東日本大震災が未曾有の災害であったように、福島県社会福祉士会もいまだかつてソーシャルワーカーが経験したことのないような災害に直面したといえます。その避難者支援の活動の大半は被災があった地域で行うのではなく、被災地から避難している、あるいは東京電力福島第一発電所の事故により避難せざるを得なかった方々の支援活動でした。また原子力発電所の事故は被災者、支援者という関係さえも曖昧にしています。当会会員のなかにも原発事故により避難を余儀なくされている双葉地域の会員もいます。そのなかでのソーシャルワーカーの活動は一言で言うと「ジレンマの繰り返し」であったかもしれません。あまりにも規模が大きな災害であり、広範囲であり、多くの方々が全国に避難している状況で私たちソーシャルワーカーが何ができるのか、支援のあり方はこれでいいのか等、無力感を抱きながらの支援活動を行ってきていたと思います。

　福島県社会福祉士会として行う支援活動は社会福祉士会として実施した弁護士会との「生活と法律の合同相談会」や法テラスへの会員の派遣などがありましたが、組織的・継続的な活動の母体となったのは、ソーシャルワーカー関連団体、介護支援専門員協会、リハビリテーション専門職団体を中心とした「福島県相談支援専門職チーム」の活動でした。

2011（平成23）年4月からビッグパレットふくしまで活動をはじめ、その後5月からは福島県の委託事業となり活動が続いています。

3 「ソーシャルワーカーの"声"プロジェクト」に協力して

　震災後私たちはいろいろな調査研究やインタビュー、講演、学会等から「被災地の専門職団体の活動について」などの発表の機会をいただきました。一方、職場での業務や社会福祉士会の活動、避難者の支援などで手が回らない時はかなり負担なときもありましたが、そのようなことを行っていくうちに、被災地のソーシャルワーカーとして、それらを積極的に受けていく必要性を感じるようになりました。それは直接的な支援活動ではありませんが、私たちが体験したこと、支援活動でできたこと／できなかったことなどを何らかのかたちで残すことになり、そのことが、災害ソーシャルワークについての発展やソーシャルワーカーの養成、あるいは平常時の大規模災害時の備えにつながると考えたからです。

　そのなかの一つが「ソーシャルワーカーの"声"プロジェクト」でした。本プロジェクトは、ソーシャルワーカーの必要性と無力感を抱えながら活動を行っている私たちにとって、活動の振り返りや、客観的な目で自分たちの活動を考える機会になりました。ソーシャルワーカーはさまざまな場面で働きます。社会福祉士会は「職種」の集まりではなく、社会福祉士国家資格者の集まりです。そのため、社会福祉士の働く場所や分野もさまざまです。発災直後はそれぞれの社会福祉士は自分の働いているフィールド―施設や職場、地域など―でさまざまな活動を行っていました。目の前にいる利用者や地域の方々の当たり前の生活が、大きな災害で一変しました。社会福祉士は、職場や機関の職員として利用者や地域の方々の安全の確保、事業の継続、あるいは避難者の支援などを行いました。その活動は社会福祉士に限らず、利用者や地域の生活を支えている機関や事業所の社会的な役割と機能です。社会福祉士は、それぞれが働く場で地域に即した創意工夫をしながら活動を行っていること

が、本プロジェクトのインタビューで明らかになっていると思います。そしてその根底には、専門職としての「倫理と価値」があり、私たちはそれぞれの判断で活動をした側面もあります。さらに社会福祉士としてのミッションは、自分自身の本来の業務（自身の職場）を越えて働く―社会や地域の要請に応える―という側面もありました。そこには社会福祉士会としての組織や、その力が支援活動に必要であったと判断したからかもしれません。一人ひとりの力は大きな災害の前には微力でした。しかし、微力でもその力を集め組織化し、ほかの専門職団体と協働する関係を構築していくことが私たちの力になっていったこと、このこともソーシャルワーカーとしての活動であり、「力」であったということがインタビューを受けながら気がついたことです。

　インタビューはある意味、私たちがふだん業務で行っている「相談面接」としての機能もあったかもしれません。インタビューをする学生と向き合って話をしていると、その真剣さと誠実に話を聞こうとする態度を感じ、そのことが私たちにも影響し、インタビューを受ける側も発災直後からの自分自身の活動を話しながら、振り返りを行うことにつながり、言語化することで改めて活動の意味に気がつくことにもなりました。そして「語る」ことの大切さと、このことからも支援者自身も、また支援される関係が必要であることが理解されました。また、インタビューを受けた社会福祉士の声をさらに学生がまとめ、各地域でその声を伝えていくということにも、私たちの力になりました。私たちの活動が社会福祉士を目指す学生の参考になることや、今後起こり得る災害時にソーシャルワーカーとしてどのような備えが必要か、ふだんからどのようなネットワークを構築していくのかなど考える機会となっていくのではないかということも、エンパワメントされることにつながりました。

まとめにかえて〜これからのこと

　最後にインタビューでは十分に話されていなかったことでは、それぞ

れの支援活動にはそれを支えている関係があったということです。本プロジェクトは実際に支援している社会福祉士にスポットをあてています。専門職として同じ県民が災害により、ふだんの生活が奪われるという権利侵害の状態に置かれていれば、なんとかしたいと考えるのは普通の姿かもしれません。しかし、思いはあってもそれができない環境にいる会員も多数います。福島県社会福祉士会では、会員に向けて機会があるたびに発信をしていたことがあります。それは専門職として支援を行いたいと考える一方で、その活動を行える環境—職場を離れられないなど—が整っていない会員も少なくありません。実は、そういう会員も何らかの形で支援に携わっているとも考えられます。職場や家庭で支援活動に参加できる環境がある会員は、誰かが職場から離れれば、誰かがその仕事をカバーするという関係があることで活動が成り立っています。福島県社会福祉士会としても会の運営や事務局業務、通常の事業を担っている会員があって支援活動が成り立っていたということもありました。このことも専門職として忘れてはいけないことと思っています。

　現在、福島県社会福祉士会では、福島県相談支援専門職チームの帰結先として、福島県や構成団体の力を借りて「福島県広域災害福祉支援ネットワーク協議会」の組織化を行いました。東日本大震災の「平常時から行っていないことは災害時にも行えない」という反省から、県の関係各課と県内の施設協議会関係、認知症グループホームや老人保健施設の各協議会、県社会福祉協議会などを構成団体として先の協議会を組織しました。この協議会では、先行する岩手県の取り組みをモデルとして「福島県災害派遣福祉チーム」の創設を行い、このことは大規模災害時にソーシャルワークが展開できる環境整備にもつながると考えています。また、私たちは「災害派遣福祉チーム」を災害救助法へ位置づけが必要と考えていますが、本プロジェクトの活動がそのことにもつながっていくものと思っています。

4-3 岩手県社会福祉士会からのメッセージ

1 発災後の初動体制
（岩手県社会福祉士会の取り組み）

　東日本大震災、2011（平成23）年3月11日（金）午後2時46分、マグニチュード9.0、岩手県における津波の高さは過去最大の38.9mと建物12階の高さにおよびました。

　盛岡市にある本会事務局では、3日間の停電後、メーリングリストで安否情報の収集と提供に着手しました。同時に日本社会福祉士会（以下「本部」）との支援調整に入り、3月16日に厚生労働省へ支援を申し入れ、3月21日に岩手県知事に支援の申し入れを行いました。

　被災地会員と連絡を取りながら、私たちには一つの確信がありました。それは、日常の生活支援業務としてさまざまな困難に寄り添ってきた仲間たちだからこそ「絶対に大丈夫」という確信でした。はやる気持ちを抑えながら、関係機関と支援のしくみづくりの調整に専念しました。

　岩手県では、岩手県社会福祉協議会（以下「県社協」）に事務局を置く専門職団体による第一回検討会が招集されました。しかしながら、その検討会においても具体的な方向が示されなかったなか、私は岩手県で活動する職能団体を集め、地域包括支援センターとボランティアセンターをダブルでターゲットにし、被災地での専門職同士の相互連携を意図した「災害人材派遣ターゲットシステム」**（図1）** を提案し、その場で直ちに精神保健福祉士会や医療社会事業協会等に参加要請をしました。

　私たちは、まずは地域包括支援センターをターゲットにすることにしました。地域包括支援センターには法律で社会福祉士を置かなければならないとされていますが、地域包括支援センターが立ち上げ時の調査によって、委託費のなかでは比較的経験の浅い社会福祉士しか雇用できない状態にあることがわかっていました。このような認識のもと、全国の

図1 ■災害人材派遣ターゲットシステム

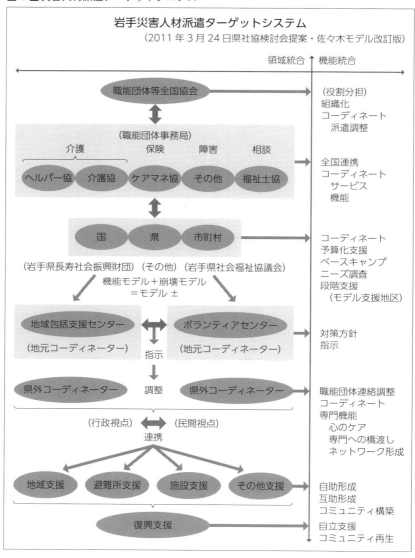

社会福祉士会が、組織をあげて地域包括支援センターの社会福祉士を支援しようという活動をずっと展開してまいりました。その延長線上で、これまで培った弁護士会や司法書士会との連携を、被災地の地域包括支援センターへの支援にもっていくという取り組みでした。2011年4月27日に大槌町の支援が開始し、同年5月1日に山田町の支援開始、陸前高田にはかなりの支援が入っていた関係で、少し遅れて開始しました。

2 プロジェクトの受け入れの経緯

東日本大震災における「ソーシャルワーカーの"声"プロジェクト」（以下「プロジェクト」）は、岩手県社会福祉士会（以下「本会」）の被災地会員を対象に、社会福祉を学ぶ学生によるインタビューという形式で実施されました。

その契機は、東日本大震災発生からから約1年が過ぎた頃、日本社会福祉士会の山村睦会長からの打診でした。被災地も少し落ち着きを取り戻し、一方で疲れの出る混迷期でもあり、タイムリーで重層的な会員支援を模索していた時期でもありました。

プロジェクトの目的を踏まえつつも、私たちにはできない学生による誠実なアプローチが、被災地会員の語り直しになることも意図していました。また、福島県での活動を躊躇するプロジェクト関係者に対して、断念することの意味や被災3県としての思いを伝え、窓口を仲介しました。

3 プロジェクトの意義

その誠実なインタビューは、被災地会員の強い動機づけとなり、その後の本会取り組みの原動力となる「ソーシャルワーク支援」そのものでした。

岩手県の活動は、宮城県に次ぐ第二次派遣隊として、2012（平成24）年

8月21日から25日までの5日間、大船渡市、陸前高田市、釜石市、大槌町、宮古市などでの活動がスタートとなりました。当該プロジェクトの意義のなかで、最も重要なものは、ナラティブとエンパワメントでしょう。私が被災地で開催された講演会に呼ばれたとき、学生がインタビューした岩手県社会福祉士会会員に会いました。その会員は、「話をしているうちに自分の考えがまとまった」、「理屈ではわかっていたが、学生のインタビューを受けることで自分の考えも整理がついた」と述べていました。これがまさにナラティブだと思います。会話の参加者は協働して、これをつくり上げていき、セラピストは自分の考えを押しつけることをしません。まさしく学生がやってきたことは、このようなものだと思います。

　私たちは人生を生きるとき、自分たちの経験を解釈しながら生きていますが、何らかの枠組みがないと自分の経験を見つめることができません。その枠組みが自分についてのナラティブであると思います。したがってナラティブが変化すると、経験のもつ意味が変化して、行動も変わることになります。そのナラティブは他者とのコミュニケーションを通じて生まれ育てられるものであり、私たちが抱える問題をコミュニケーションによって生み出された意味として考えることができます。

　まさしく学生が行ったことは、被災したソーシャルワーカーたちの、そして地域の方々に対する自立支援だったと思っています。被災地会員のコメントにもあるように、混迷のなかでの体験談という物語は、学生の誠実なコミュニケーションを通じて生み出され、自らの経験の解釈という枠組みになり、なすべき方向性の再確認となりました。

　第二に、援助を受ける力への気づきです。ナラティブが変化することで行動に変化が起こり、それまで援助を受けることに否定的だった被災地会員も、当初意図したように、地域や関係機関およびその支援者などとの連携の契機となりました。

　第三に、災害派遣福祉チーム創設への動機づけがあげられます。プロジェクトなど多くの支援者とのコミュニケーションでの気づきと動機づけは、支援者などとの積極的な連携会議につながり、被災地会員として

の「災害派遣福祉チーム」創設への強い動機づけとなりました。

　第四に、災害派遣福祉チーム創設の原動力です。2012年3月23日、県社協を事務局に人材派遣を展開した職能団体などから、岩手県知事に「災害派遣福祉チームの組織化に向けた要望書」を提出しました。その後、同年12月19日に「第一回岩手県災害福祉広域支援に関する有識者懇談会」で支援活動をイメージしつつ、これまでの活動の分析等に着手しました。翌年2013（平成25）年9月26日は、この取り組みが「第一回岩手県災害福祉広域支援推進機構」に引き継がれ、2014（平成26）年2月12日に第一回「チーム員養成研修・訓練」が開始しました。そして同年3月8日には90名が研修を修了し、登録を完了しました。2015（平成27）年度までの登録者は234名です。

おわりに

　プロジェクトに参加した学生たちはインタビューを行った内容を言葉にして、文字にして、後世に伝えようとしています。それは実践と理論を行ったり来たり結びつける作業であり、卒業してからも常に求められる私たちの視点です。私たちソーシャルワーカーはカウンセリングとケアマネジメントの両方に足を置き、真ん中にソーシャルワークを置いた場合、ケアマネジメントのサービスが全くない被災地での支援についてインタビューをしました。被災を受けた人たちのカウンセリングサイドに少しウエイトをかけました。これはトリートメントアプローチ、治療的アプローチだったと思っています。

復興支援プロジェクトシンポジウム 2014 in 名古屋（2014年2月17日）で報告を行う佐々木裕彦氏

最後に、プロジェクトにおいて、インタビューを担当した学生をはじめ、企画や実施にかかわったすべての関係者に深謝申し上げます。そして、災害ソーシャルワークの可能性を具現化し、すべての地域に定着することを祈念し、私たちもその一端を担い続けることをここに誓います。

第Ⅱ部

災害ソーシャルワークを考える

第1章 災害時におけるソーシャルワークの機能と役割
　　　―災害ソーシャルワークから専門性を問う―

第2章 復興支援と社会福祉協議会

第3章 被災状況にみる災害ソーシャルワークの必要性

第4章 災害時要援護者支援としてのソーシャルワーク

第5章 「ソーシャルワーカーの"声"プロジェクト」の
　　　教育的効果とソーシャルワーク教育における
　　　災害ソーシャルワーク導入の意義

第6章 被災地におけるソーシャルワーカーのレジリエンス

第7章 災害ソーシャルワークと災害ボランティア

第8章 災害復興支援とコミュニティづくり
　　　〜「生活支援員」の取り組みから〜

第1章 災害時におけるソーシャルワークの機能と役割
―災害ソーシャルワークから専門性を問う―

はじめに

　災害の発生によりわれわれの日常生活は、瞬時に危機状態に陥ります。改めて確認すると、災害対策基本法第二条第一項では、災害を「暴風、竜巻、豪雨、豪雪、洪水、崖崩れ、土石流、高潮、地震、津波、噴火、地滑りその他の異常な自然現象又は大規模な火事若しくは爆発その他の及ぼす被害の程度においてこれらに類する政令で定める原因により生ずる被害をいう」と定めています。特に本章で考える災害は、地震でも大雪、大雨、大噴火にしても広域で同時に発生するために家族や同地区住民間での共同体内だけでは、具体的な支援がなされにくい状況である場合を想定しています。例えば、東日本大震災のように広範囲の地域で発生し、被害の大きさと深刻さを考えると支援対象は甚大であり、人々の暮らしを根こそぎ奪うようなものが本章でいう災害です。こうした大災害では、相互扶助的な支援の限界をはるかに超え、他地域の第三者の手助けやさまざまな専門職の支援の必要性が高くなります。

　人々の生活を支援するソーシャルワークは、災害における人々の暮らしを災害直後から支援することが求められます。生活を支援していく機能と役割は、平常時のソーシャルワークに求められているものと本質的に変わるものではありません。しかし、平常時の際に求められる対象者のニーズと災害時における支援対象者のニーズや状況には、大きな違いがあります。支援者自身が深刻な被災を負いながら活動することからはじまり、一施設の入所者全員をほかへ移動させること、入所規定人数を大幅に上回りながらも、入所者や地域の避難者を一度に受け入れることや避難所での日常生活の支援、さまざまな問題が集中的に起こることへの対処、常用の社会資源の利用ができなくなることへの危機対応、重篤

な不自由さの緩和等、平常時のソーシャルワークニーズでは惹起しない事柄が生じます。また、誰がどこにいるのかさえもわからず、地域全体が寝食に困り切るように、その地区全域が支援対象となるなどの支援対象の範囲は、平常時とは全く違います。こうして考えると対象者のニーズ内容のみならず、支援対象の量とその大きさや危機状況、求められる緊急度は、平常時とは大きく異なるのです。特に支援対象の量と大きさが異なれば、支援の方法にも工夫が必要となります。被災者の生活の場を軸に時系列でみていくと「被災直後」から「避難生活」そして、「仮設住宅での生活」、「転居による新しい生活拠点」や「復興住宅や自宅再建」が経過として考えられます。こうした経過のなかで今まで誰もが経験したことがない状況であってもソーシャルワーカーが素早くアセスメントを行い、ソーシャルワークにおける支援の判断をしていかなければなりません。そこでは、ソーシャルワーカーの危機対処能力と判断力、決断力が求められ、未知への生活を切り開く意志と希望への想いも重ねて求められていくのです。

ソーシャルワークの基本的視点と実践

　宗教哲学者である谷口隆之助は、人間のあり方を生物的次元、文化的・社会的次元、存在的次元の三つの次元に区別しており、「この三つの次元は一応区別はできるけれども、これは切り離すことは、できない。またこれは人間の三つの部分ということでもない。一人の人が生きているということは、この三つの次元を同時に生きておるということ」[1]だと述べています。この谷口の視点を手がかりにソーシャルワークの視点と実践を確認してみましょう。

　生物的次元というのは、人間が単に生物体として存在しているありようを示しています。身体を維持しようとする際に生じる欲求があります。これを私たちは、食欲や睡眠欲、子孫を増やすための性的欲求などとして体験しています。これは、自然体のありようとしての次元であるといえ

ます。例えば、生物的次元に対する存在を考えると、どんな大きな災害があっても食事をし、排泄、睡眠を省略して生きていくことはできません。水が手に入らず、飲めずに苦しんでいる人が目の前にいるのであれば、何をおいても必要なことは、水分の提供を行うということであり、生物体としての存在の確保の支援を実施するということです。災害の発生時に、飲食物、寝場所、暑さ、寒さをしのぐことなど生命を維持するための支援は、急務であり早急な着手が必要となります。さらに、物質的な提供だけでは生活が成り立たない介護を必要とする人々もいます。その方々の生存のためにまずは、最低限必要なことを整備することが支援者に求められます。

　次の文化的・社会的次元とは、生物体として人間が生きながら生活者として生きる生き方を指す次元です。私たち人間は、自然環境のなかで暮らしやすいように政治、経済、制度や法律をつくり上げ、文化を形成しています。その結果として地位や名誉、財産が生まれ、そこでの評価や業績を重視し執着しながら生活しています。災害によって職場や仕事が奪われたり、予期せぬ障害や病によって今までできていたことができなくなったりすることで、他者評価や業績が損なわれることが起きます。それを自分の存在根拠が失われたと錯覚し、絶望感に苛まれるようなことが起きます。この次元は、価値追求の次元ともいわれ、自らが追求する価値を求めるためにその目標に向かって自己実現をしていくさまが、日常生活にあふれているのです。この価値を取り巻く他者との関係のなかで、私たちは生活しています。例えば、文化的・社会的次元に対するソーシャルワーカーのアプローチを考えるのであれば、災害によって仕事や職場を失った人々に対して、収入の保障という面だけではなく、働く意義を共有しながら求職や職業訓練の場を思考していきます。ソーシャルワークでは、社会で生きる存在としての人を支援するともいえます。谷口は、この文化的・社会的次元における価値というのは、一般的に有用性によって決定されているものだと指摘します。私たちには、役に立つものを価値が高いとし、役に立たないものは価値が乏しいという考え方があり、この次元はその価値基準で発想されます。しかし、人間の存

在の根拠として「役に立つ」というところだけで私たちは生きているわけではありませんし、そうした側面だけで生きていくということは苦しいことにもなります。自分は、誰かの役に立とうと思い、そこで自らの価値を高めようと考えます。しかし、考えてみれば何かの役に立つということや、すべてに役立つという万能性を有することは難しいのです。誰かの役に立っていたとしても利害関係のある他者にとっては、役に立っていないということが起こります。こうした視点で社会のなかで人類にとっての普遍的な価値をソーシャルワークは見出し、支援の理念としています。

　三つ目に位置づけているのが存在の次元です。例えば、災害に見舞われ、家族、仕事や住居を失い、住んでいた地域さえも失う状態であっても、生きることが運命のように既定されます。災害により社会的な役割、地位、名誉や財産をたとえ失くしても、そこで生きている限りの自分はその私でしかなく、この自分で生きていくしかないのです。どんなに苦しくても今の自分とその現状を受けとめていくしか生きる方法がありません。この状態で文化的・社会的次元に、あくまでも自分の存在根拠を求めるならば、地位や名誉を失った時点で生きていく根拠を失うことになります。生まれた後に身につけ、持ち続けてきたものに執着するということは、代理可能なものにしがみつくということでもあります。代理可能と考えられる会社の社長、学校での教師という生き方は、ここでいう存在の次元で生きているということではないのです。ここで指す存在の次元というのは、ほかの人に代理できないものとして存在する自分そのものを指すのです。会社の社長という社会的な役割を脱いだ自分そのものです。例えば、存在の次元に対するソーシャルワーカーのアプローチを考えるのであれば、利用者が何かの苦しみや悲しみ、絶望感にあるときにその事実においてどう生きるかということをともに考える支援です。災害によって、家も仕事もかけがえのない家族や仲間も同時に失った人が大勢います。このような危機的状況が起こったとしても危機を受けとめて生きていく生き方を選択する人が存在しています。その場合の危機は、すでに危機として存在していない状態となっていることがわか

ります。すでに起こった自らに対する危機自体そのものを変えることはできませんが、ここでの身の置き方そのものに対する支援は可能であり、その支援が生活支援ニーズへの対応とともにソーシャルワークに求められているのです。

　先に述べたように人間は、三つの次元を同時に生きています。生活障害を支援するソーシャルワークは、この三つの次元を区分することなく支援する視点と活動が求められています。支援者であるソーシャルワーカーの都合にあわせてさまざまな次元に分け、生物的次元、文化的・社会的次元、存在的次元などと分割して利用者の支援を展開するのではなく、それらを統合して生きる全体性（wholeness）としての利用者にかかわるということが求められています。ましてや大規模災害においては、それぞれの次元における被害が瞬時に起こり、その対処が重層的に必要となります。縦割りという言い方がありますが、そうした支援のあり方は、領域論や分野論としての視点から支援ニーズをみて、利用者を全人的（totality）にとらえ支援することを否定するのです。

　三つの次元が同時に揺らぎ、同時に失われることが起こり得るのが災害です。すべてが失われ、突然と複数の危機が個人、地域、社会に同時に襲いかかる災害時にソーシャルワーカーによる全体性（wholeness）の視点をもつ支援がなお一層求められているのです。

2　災害時における「生きる意味」へのソーシャルワーク支援

　こうしたことを考える際に生物学的、文化的・社会的次元の二者に対する支援は、物質的なものや空間等を支援するため、支援そのものの結果は目に見えやすいです。しかし、存在の次元に対する支援は、利用者がハッキリとその支援を主訴として表すことも起こりませんし、生物学的、文化的・社会的次元に対する支援の要求が先行しやすい傾向にあります。それらの要求への対応が、生活そのものを維持することになっています。そこでは、人間を部分的に見てそれぞれの問題に対処する支援

内容に偏りがちです。しかし、人はある部分だけでは生きてはいません。ここで人間が存在するという支援の視点をソーシャルワーカーがもち、利用者に対して問い続けるはたらきかけを行わないと利用者へのニーズが発見されないということになります。特に「ニードは沈黙し、表に現れないことが多く、潜在している。福祉のクライエントには、自分の苦しみ、悩みを訴える能力がない人が多い。」[2] とも言われていることからも、存在の次元にソーシャルワークの視点をおくことは、重要な支援の視点であるといえます。

　特に災害時におけるソーシャルワークの場合、生物的、文化的・社会的次元に対する支援も社会資源そのものも失われ、何もない状態であり、支援対象も大きく、ソーシャルワーカー自身も被災している状態でも支援が展開されるために、生物的、文化的・社会的次元での困難が極まります。被災者は、数多くの喪失を一度に体験しています。家族を失い、住居をはじめとする財産を失い、仕事を失い、故郷でもある住み慣れた地域を失っています。この喪失体験から体調不良を引き起こし、生きる希望と生きる意味を失った人々が存在しています。そこでソーシャルワークは、生活再建のための物質・経済的支援を提供するにとどまるのではなく、「人間としての存在」を支える支援を行っています。喪失した物への支援は、例えば、住宅は避難所や仮設住宅などと代替によって提供するしかありません。しかし、それぞれの人の「生きる意味」を代替の提供によって埋めるということはできません。その人が「生きる意味」をどこかで感じなければ生きられないという壁にぶつかるのです。「人間としての存在」を支える支援は、心理的アプローチ、例えば、カウンセリングが単独に展開されることだけではありません。足しげく被災者のところへ通い、喪失体験で閉ざされた被災者のこころに耳を傾け、被災者のこころの開きを待ち続け、声を聞くことができるまでそばに居続けています。その経過のなかでは、生活の立て直しの具体的な支援を展開し続けることや生活を見守ることが平行して続けられるのです。こうした「人間としての存在」を支える支援が被災者の生活の土台を支え、喪失体験から生き続ける可能性を見出すことになるのです。

「人間としての存在」への支援は、利用者の声にならないニーズとしてあります。いくら専門職が「何かお困りごとはありませんか？」と避難所にいる人々に声をかけて回っても「生きる意味を失い、困っています」とは答えられないでしょうし、「明日からどうしたらいいのか」と漠然とした返事が返ってきます。そこで、生きる意味を失ったことを明確に感知し、言葉で表現できないニーズをキャッチする必要があります。この目に見えていないものをつかむことができるのが、ソーシャルワークの専門性といえます。大きな災害による凄惨な状況下で「生きる意味」を問わずに、また生きている意味を感じることなく生きられない状態に陥っているときにソーシャルワーカーは、水や食料、避難先を確保しながらも同時に利用者の「生きる意味」の問いに向き合う支援を行っています。また、水、食料、住宅の確保がなされた後に被害に遭った方々は、現実を直視せざるを得ない時期が訪れ、喪失感を改めて実感しています。こうしたところでソーシャルワークは、長期的展望をもちながら利用者の「生きる意味」の発見へのアプローチを行うことになります。一般的に何の問題もなく日常の流れるなかでは、「生きる意味」の喪失感を味わうことは稀です。例えば、災害や病、事故等により、今まで通りの日常が営めない何かへの障害が起こったときに人々は、やりがいを失い「生きる意味」の喪失感を抱きます。したがって、災害のような喪失体験が重なって起こる状況における「どう生きていくのか」という自らの生を支える存在のあり方への支援ニーズは多数存在し、そこへの静かな介入から長期的な支援が行われているのです。

3　災害時におけるソーシャルワークの役割

　ソーシャルワークは、どのような支援を展開するのか、ソーシャルワーカーの役割は何であるのかということを社会に対し、積極的に伝えていかなければ理解されにくい特徴があります。それは、支援結果が物質的な物の完成とは異なり目に見えにくいということや、これまでの生活の

維持・継続を支援しても、その支援効果の査定がしづらいこと、また、支援内容自体にプライバシー保護がかされているために、周囲への理解を促すことも困難であるということ、さらには、社会的弱者と呼ばれる利用者を支援するために、利用者が社会へ声として届けていくことが難しい状況にあることが、その理由として考えられます。災害時のソーシャルワーカーは、医師や看護師等の専門職や自衛隊や消防団のように「命を助ける」活動として脚光を浴びることはほとんどありませんが、その活動内容を調査してみると、その役割はなくてはならないものであったことがわかります。こうしたソーシャルワーカーの役割を言語化していくことで、ソーシャルワークの役割を見極めていきます。こうしたことによって、市民がソーシャルワーカーを利用しやすいことにもつながると考えられます。現在の復興状況や身元不明者数、仮の住宅生活者数をみると震災から派生した課題解決は終わっているとは言いがたいですが、災害時のソーシャルワーカーの活動を振り返りながらその役割をあきらかにしていきましょう。

　災害時には、震災直後の危機的状態から人々の命が守られると同時に、間断なくその命を守るために生活を支えることに注力し続けるのが、ソーシャルワークのはたらきとなっています。食料、住まいの確保、介護サービスをはじめとする福祉サービスの提供等の利用者の生活そのものにかかわる支援はなくてはならないものです。こうした支援の展開のなかにどのようなソーシャルワーカーの役割があったのか、丁寧に見てみましょう。

1. 命を守る

　地震が起こった直後、入浴中の利用者を守る物がなく、自らが覆いかぶさり楯となった支援者や、割れるガラスの破片から利用者を守るために、自身の衣服を脱いで利用者に覆い被せて身を守ったということと同時に、自分が怪我をすることで利用者を守れなくなると考え、ソーシャルワーカー自身の身を守る行動もなされています。利用者の身を守るとともにソーシャルワーカー自身の身を守ることは当たり前のこととと ら

えられるかもしれませんが、それを意識したうえで優先的に行い、実際に誰にも怪我をさせずに守り切ることができるのは、緊急時の専門職としての役割遂行といえるでしょう。福祉は、震災直後よりも、その後の生活支援としてその必要性があると一般的にとらえられてもいますが、こうした現実があることから、利用者の命を直接的に守っている事実を看過することはできません。震災の最中や直後に利用者の命を守ることは、当たり前の役割として語られることが少ないのかもしれません。しかし、まず、目の前の事態に適切に対処し、自分の身を守ることも含め、先の見通しを立てる実践は、専門職として重要な役割であり、こうした思考をすること自体が専門職としての役割といえるでしょう。そして、地震等（災害）が収まると次に二次的被害を受けないように、さらに安全な所への避難や次の対応を利用者の状態に合わせて実施しています。

2. 情報の収集と活用

通信機器が全く使用できないところでも必要な情報を集め、集めた情報を統合しながら必要な人に必要な情報を的確に提供していくことが、ソーシャルワーカーによって丁寧になされています。ブログやツイッターやインターネットも有効に活用されていました。情報提供もされていますがこのような際に障害等により、合理的な配慮が必要な人々へは、情報が漏れないように情報と人をつなぐ役割や支援をきめ細かく行っています。そして、適切な情報提供に至るには、提供するべき情報を取捨選択し、まず、相手から何が求められているのかを明確にしなければなりません。そこには、利用者のニーズ把握が的確になされることが前提とされています。

震災直後は、交通網等が遮断され、移動の方策もないために足で一軒一軒の利用者宅を訪問し、安否確認がなされることと同時にニーズ把握が行われていました。こうした安否確認のなかでは、ニーズ把握を含む情報収集を目的にしたアウトリーチがなされています。足で利用者の状況を把握するなかで地域全体の状況を確認、アセスメントしていきます。

個人と地域全体を理解しながら情報を統合していきます。例えば、必要な物資はどこにあるのか、偏って余りぎみの物資はどこにあるのか、それをどのように活用すれば一番支援が必要なところへ届けられるのか、常に情報管理が行われると同時に活用されています。こうした情報管理と活用によって、支援物資が適切な優先順位に則って配布されていきました。また、必要な物が地域で調達することができなければ、広域なネットワークを利用して必要性を発信し、素早く支援を求める対応をしていきます。

3. 何もないところでつくり出す

　地域全体が失われ、日常的に利用していた社会資源という資源が全て失われた状況が至るところでありました。介護サービスなしでは生きられない利用者に対し、すぐに代わりの入所施設とその移送方法を確保し、移動手段を駆使し、県外にでも移動を完了させています。デイサービスが再開できなければ、代わりの居場所をつくります。電源がないところで生命維持に必要な機器をどう使用するのか、また、家庭内で使用するさまざまな器具の代用品を考える等、これまでなければ生活が成り立たなかった物を失ったときにその代替の工夫を行います。これは、発想の柔軟性や利用者の力を引き出しながら現状をよりよくしたいという意志による粘り強い活動です。こうした地道な活動の基底には、相手を理解することでニーズを即座に把握し、その人の立場になって考えるということができるからこそ成り立つ実践です。こうした理念のもとにソーシャルワークにおける大切な環境整備として考えられる役割です。

　被災状況によっては、既存の施設が再開できなければほかへ移って、いちから施設建設することで、再開を果たしています。新たな施設の設置は、容易なことではありません。自らも被災しながら施設建設への意欲を奮い立たせてつくり出すエネルギーは、はっきりとした理念がなければ沸き起こらないことです。

4. 多職種、他機関との連携

　多職種、他機関との連携は、特に平常時のソーシャルワークにおいてもその重要性が常に言われています。しかし、多職種の連携がいかに難しいことであるかは、経験した者であれば深く理解できるところです。それは、所属する機関が異なれば目的も目標も異なり、職種が異なれば、目指す目的もそこに到達するまでの方法も異なるのが当然だからです。だからこそ、ほかの職種が存在する意義があるとも言えます。しかし、例えば、避難所のような場所においては、それぞれの専門職種がバラバラに避難した人々に御用聞きに訪れて、そのつど、返答を求めようとする場面がありました。それを統一したチームとして活動することにより、利用者の負担も減り、横断的な支援が的確に行えます。こうした連携を混乱した災害時に提供することが重要な役割となりました。こうした多職種チームが一丸となって、行政に対して、緊急対応時としての制度活用やサービス提供の交渉を行うなど、専門職集団の力が発揮されていました。こうした多職種チームを結成させる役割や結成チームが機能できるように、チーム内でのコーディネートも大切な役割です。

　また、同地域以外からの多職種やボランティアの導入の際にも役割分担を的確に行いながら、それぞれが機能すべく配慮をしています。土地や実情がわからない外部者の支援は、力強いが混乱を招きかねない要素があります。こうした外からの有効な支援をより有効に活用できるような対応は、それぞれの異なる機能を調整し、ここでもつなぐというコーディネーターとしての役割が発揮されています。

5. 行政サービスや法律の限界に介入する

　災害により、さまざまな理由で避難できずに残された高齢者や障害者等の方々の存在があります。その人々は、自ら支援を求めていくこともなく、ただただ混乱のなかにとどまっていました。助けも発信できない人々であり、災害のなかであっても、行政は個人の情報を知らせることはできません。もちろん、法律上も個人情報は保護されなければなりません。しかし、災害時要援護者ともいう自らの力で避難することや助け

を呼ぶこともできない人がいます。こうした人々に支援を提供するためには、情報が必要です。例えば、情報保護という制度や法律の高い壁に果敢にチャレンジし、この壁を利用者の保護や代弁者として破り、介入していく力強い役割が担われていました。

　また、避難所生活のなかで緊急的な介護保険サービス利用の必要性が高い場合、通常の手続きを取り、数週間も待たなければならないような手順を踏むのではなく、緊急的な暫定認定を行う措置を行政へ交渉し、実施から運用まで責任を負いながら利用者への負担を著しく減少させていました。

　こうしたように制度や法律を超えることができるのは、真に利用者の尊厳や命を守るという理念が明確にあるからこそ、この役割が担えるのであります。ソーシャルワーカーは、知識や技術（制度等）を超えて、いざというときには価値を最優先した活動を行う使命と役割を担っています。

6. 人間関係の回復

　家族間や住民間における人間関係に関する支援は、表立った支援ではありませんが実施され続け、大きな役割を果たしています。例えば、新しく移り住んだ被災者（避難者）と以前から住み続けている住民との軋轢がさまざまな理由から起こります。それは、社会福祉施設内や地域において、両者間の溝として表面化します。これを緩和、融合するための支援として、日常的にソーシャルワークが機能していました。あるところでは、よそに避難していた被災者が元の自宅に戻って来た際、そのままうまく地域で過ごせず支援を必要としている場合がありました。そのニーズに応えるために「ぴあグループ」をつくり、避難していた人々の疎外・孤立感を解消し、課題の克服を目指していました。こうしたグループ自体への支援とグループ内の個別的な支援を実際に行なっています。これは、グループづくりとしての社会資源の開発とする役割ともいえますが、そこでの活動は立場が同じものが互いを認め、支え合えるようなグループの確立を支援しています。

また、新たな住民が加わったことで溝ができ、対立関係にあった者同士の互いを理解し合うかかわり方によって、互いの辛さや悩み、立場を理解し、和解ができるような支援を行っています。

7. バーンアウトの防止とスーパービジョン

　災害の発生から時間が経過したことで起きる役割もあります。専門職ならびに準専門職の人々のバーンアウトを防ぐために、スーパービジョンやインフォーマルな支援を展開しているソーシャルワーカーのはたらきです。これは、阪神・淡路大震災後にも行われ、その重要性が指摘されていたことですが、対象となる専門職の今の仕事、活動を理解したうえで当事者の話を十分に聞き、気持ちを受け止めながら活動そのものをバックアップする機能です。さらには、国家資格はありませんが、専門的な要素を含んだはたらきを求められている準専門職の方々への専門的な支援は、専門職にしかできません。

　復興が進まず、災害の傷跡も残っています。物質的、精神的な喪失に立ち止まり続ける利用者を目の前に専門職ならびに準専門職は、疲れ果て、自らの力量を疑い、また、どこまでも続く先が見えない支援活動に疲れ、悩み、バーンアウトすることが起きます。こうした仲間を支えるピアスーパービジョン等によるバーンアウトからの救出や未然防止が行われています。ベテランの支援者が支え役となり、支持機能を発揮するスーパービジョンを実施し、仲間としての支え合いとしてその役割が遂行されています。

8. 専門職団体としての後方支援

　一人のソーシャルワーカーが担う役割も大切ですが、同時に専門職集団としての果たす役割もあります。先に記した専門的なスーパービジョンを、各都道府県の社会福祉士会が組織的に実施し、災害支援に対する情報提供を行うなどの対応をしています。また、災害直後には、全国各地から届く支援物資を一括管理し、必要なところへの物資輸送を実施するなどの窓口対応を組織として行っています。災害地の専門職団体とし

て物資支援をさばくだけではなく、他都市から支援に訪れるソーシャルワーカーが効率よく活動できるように、コーディネートする役割も担っています。災害地の土地勘に頼らなくても活動できる業務を提供するなど配慮をしながら、よそのソーシャルワーカーとも連携をとりつつ、後方的に支援を支えています。

多職種間の連携のところでも述べていますが、個人的に専門職間で連携している場合もあり、複数の専門職団体と組織間で連携をとり、地域に密着して支援を行っています。震災を契機に専門職団体のつながりができ、その後も合理的、包括的な支援を展開できる組織として活動が続くことができているのです。

おわりに

未曾有の災害により、多くのものを失っています。言葉として表しきれない喪失感があります。東日本大震災後、3月11日になると毎年、被災地の報道が一段と増します。復興の様子や明るい話題も多くありますが、胸に刺さるような映像やインタビュー、取材記事も続きます。失ったものの大きさを改めて痛感します。こうしたなかで、ある被災地のソーシャルワーカーが、「災害時のソーシャルワークは、日常（平常時）のソーシャルワークの延長線上にある」と語ったことが印象的です。この語りの意味は、大きく、いかに平常時の業務が大切であるかを再確認させられます。もちろん、大災害後のソーシャルワークが日常と同じであるはずはないのですが、基本的な視点や方法が異なるわけではないことを言い表しています。災害支援においても、いつものように個別支援としてインテークからアセスメントへと支援が展開され、ケアマネジメント、ネットワーキング、アウトリーチ、コーディネート、グループワーク、スーパービジョン、社会資源の開発等の技術が使いこなされています。そこには、利用者の尊厳や主体性と自己決定を守り、その人の生活の再建に力を注ぐ姿勢があります。どんなに大きな災害が起こり変化が起

きても、ソーシャルワークの理念や倫理、価値にゆるぎがないことが改めて立証されたのだと考えます。

　利用していたさまざまな社会資源を失ったなかで、どうしたらよいのかと途方にくれることに終始することなく、すぐさま、それまでのネットワークを使い、県外へも交渉し、支援が休むことなく続けられていました。場の状況が異なろうとも、変わらない価値を重んじて業務を遂行することができる専門性という確かなものがありました。災害時の活動によって、日常のソーシャルワーク活動がいかに重要であったかがわかるという声を多くうかがいました。失うことばかりの災害において、ソーシャルワークが機能し、役割を果たし、震災後も継続的に支援を続け、そこでの経験を活かし、施設や地域の防災活動に役立てることや災害を想定したソーシャルワークが工夫されています。このように災害をマイナス体験に留まらせずに今に活かす方法は、予防的なソーシャルワークとしての役割を発揮しています。

引用文献

1) 谷口隆之助『存在としての人間』日本 IPR 研究会　pp.2-3　1986 年
2) 阿部志郎　改訂版『福祉の哲学』誠信書房　p.8　2008 年

参考文献

- 上野谷加代子監修、社団法人日本社会福祉士養成校協会編集『災害ソーシャルワーク入門』中央法規出版　2010 年
- 関西福祉科学大学編「ソーシャルワーカーの"声"プロジェクト　平成 25 年度事業報告書」福祉系大学経営者協議会　2014 年
- 淑徳大学編「ソーシャルワーカーの"声"プロジェクト　平成 25 年度事業報告書」福祉系大学経営者協議会　2014 年
- 東京都社会福祉協議会「続・災害時要援護者支援活動事例集」東京都社会福祉協議会　2015 年
- 西尾祐吾・大塚保信・古川隆司編著『災害福祉とは何か―生活支援体制の構築に向けて』ミネルヴァ書房　2013 年
- 似谷貝香門・吉原直樹編『震災と市民 2　支援とケア』東京大学出版　2015 年
- 日本地域福祉学会　東日本大震災復興支援・研究会編『東日本大震災と地域福祉　次代への継承を探る』中央法規出版　2015 年
- 峯本佳世子『地震災害と高齢者福祉―阪神淡路と東日本大震災の経験から―』久美　2015 年
- 村本邦子・中村正・荒木穂積編著『臨地の対人援助学』晃洋書房　2015 年

第2章 復興支援と社会福祉協議会

社会福祉協議会とは

　社会福祉協議会は、全国、都道府県・指定都市、市区町村に設置されています。社会福祉法において、社会福祉協議会は地域福祉の推進を図ることを目的とする団体と規定されています。

　人々に身近な市町村にもある組織ですが、住民にとっては身近な組織かというとそうでもない場合もあるようです。社会福祉を学びはじめる大学生は「地域福祉の理論と方法」を履修しますが、地域福祉そのものがわかりにくいことに加え、地域福祉を推進する組織である社会福祉協議会が何をする組織なのかということもはじめはイメージが湧かなかったという学生の感想を聞くことがあります。

　しかし、身近でもあります。ふれあい・いきいきサロンという、お茶を飲んだりおしゃべりをしたりする場が、地域にはたくさんあります。これらの開発を進めたのは社会福祉協議会です。また、ボランティアセンターの運営を通して、小中学生、高校生への福祉活動の体験に関する事業、大学進学などに必要な教育支援資金（生活福祉資金）の貸付事業などもあります。教育支援資金の貸し付けの相談に応じた社会福祉協議会職員の姿を見て、福祉系大学に進んだ学生もいます。また、ボランティアセンターの企画した福祉教育に関する事業に小中学生の頃に参加したことをきっかけに、社会福祉士国家資格を取得するための実習先として社会福祉協議会を選択した学生もいます。

　また、介護が必要になった人々には介護保険事業（主に在宅福祉）、子育て支援では、保育所、児童館など、障害がある人への支援、判断能力が十分でない人への相談や日常の財産管理支援なども行っています。

　さらに、近年の生活困窮者支援、社会的孤立の解決を図るため、専門

職のみで福祉課題を解決するのではなく、住民とともに解決を図ろうとするコミュニティソーシャルワーカーが注目されており、こうした支援や地域づくりは報道、出版、ドラマ化等もされています。

　このように、社会福祉協議会は、地域社会を豊かにしようという活動を通して住民の福祉を高めていく方法と、個人・家族の生活のしづらさに対して、必要な相談やサービスにつなぎ、あるいは地域社会の環境を変える方法の両面、つまり、個と地域の一体的支援を通してインクルーシブ（包摂）な地域社会、福祉コミュニティづくりを目指している組織です。

　そして、ここで言及するのが、災害時の社会福祉協議会の機能です。

　災害時は、地域社会、個人、家族すべてが一瞬にして混乱状態に陥ります。社会福祉協議会においては「災害ボランティアセンター」の運営、応急仮設住宅入居者への見守りや相談、復興公営住宅入居後の見守りや相談、地域とのつながりづくり等を担う「生活支援相談員活動」が災害時の取り組みの特徴ともいえます。

　そこで、本稿は社会福祉協議会の復興支援である「災害ボランティアセンター」、「生活支援相談員活動」を通して、社協におけるソーシャルワーカーの取り組みについて述べていきます。

2　災害ボランティアセンター

　発災後、速やかな復旧を祈って、全国各地からボランティア活動者や善意の金品が集まります。募金は日本赤十字社や中央共同募金会などが窓口ですが、災害時のボランティアについては、その被災地の社会福祉協議会が災害ボランティアセンターを立ち上げ、窓口となる場合が多いのです。

　混乱のなか、人々が被災地へボランティアに向かいます。危険な場所、支援の必要な活動地、言葉の違いなど、初めて向かう地でのボランティア活動は簡単ではありません。そこで、災害ボランティアセンターが被

災地のニーズとボランティアの接着剤となって結びつけ・つなぐ役割を果たすのです。このように災害ボランティアセンターは、ボランティアの受付窓口、被災者からくる相談の窓口、ボランティア活動に関する連絡調整をするセンターなのです。

災害ボランティアセンターの運営スタッフは、被災地に所在する社会福祉協議会職員だけでは絶対的に不足します。国内（県内外）の市区町村社会福祉協議会職員、ボランティア・NPOが応援に駆けつけました。特に、東日本大震災は甚大なる災害かつ広域であったため、まさに、全国、都道府県・指定都市、市区町村社会福祉協議会職員が応援に駆けつけたのです。

1. 災害発生直後、避難所生活、仮設住宅への引っ越し

災害発生直後は、まずは人命の保護が重要な時期です。救出、救命、避難など自衛隊や消防団が活躍したことは有名ですが、なかには民生委員・児童委員の方々も安否確認をしていました。

被災地の社会福祉協議会役職員のなかにも死者・行方不明がありました。事務所の流出、それまで行っていた介護保険事業（訪問介護、通所介護等）の一時休止も余儀なくされました。こうした状況のなかで被災地に所在する社会福祉協議会は、「災害ボランティアセンター」の運営を開始したのです。事務所が流出した社会福祉協議会職員に行ったインタビューでは、「私も仕事中に被災し、そして、これからどうしようと考えて、隣町の社会福祉協議会に赴き、何一つないことから、帰り際に事務用品をいただき、机と紙とペンで災害ボランティアセンターを立ち上げた」という話を聞きました。

避難所に、あるいは、避難所には行かず自宅で暮らす被災者へのボランティア活動は、食事（いわゆる「炊き出し」）、住居に入った泥などの除去（いわゆる「泥かき」）、物資の支給、情報提供などがあげられます。

未曾有の規模の被害を報道で知った人々は、各地から支援活動を志願して東北へボランティアに向かおうとしました。報道も被災地の情報を伝え、ボランティアを希望する人々への情報提供をはじめました。しか

し、発災直後、被災地はガソリン不足、避難所の混乱、ボランティアへの宿泊場所や食料確保の困難といった現実を前に、ボランティア活動に駆けつけたい人と受け入れ側のずれが生じていました。災害ボランティアセンターのなかには、ボランティア募集について、支援ニーズの把握と対応の限界を予測し、受け入れ不可、県内在住者・市内在住者に限るとしていたところも当時はありました。こうしたことに批判も一部でありましたが、現場の混乱を避けるためには賢明の判断であったかもしれません。しかし、この教訓を活かし、以降の災害では比較的早期に災害ボランティアセンターが設置され、募集なども速やかに行われたり、常設型の災害ボランティアセンターを設置したりする社会福祉協議会も登場しています。

東日本大震災発災当時、社会福祉法人全国社会福祉協議会の広報室長であった筆者は、各社マスコミからの取材に応じる役割でしたが、特に、筆者への取材をもとに、日本テレビ「NEWS ZERO」の月曜日のキャスター、嵐の櫻井翔さんが繰り返しボランティアについて視聴者に適切に呼びかけていたのは記憶に残っています。

避難所生活、それも数週間ではなく長期にわたる避難生活は心身ともに疲労がたまります。安否確認（家族、親族、職場の同僚、友人ほか）、食料、水、居所の確保、泥かき、家の片づけ等さまざまな支援を要します。災害ボランティアセンターでは、こうしたニーズと支援者をマッチングし、必要な資材、物資等を調達し、ボランティアセンターを運営します。ほかにも、ボランティアのなかには、足湯ボランティア、サロンといったこころのケア、交流の場づくりを進める活動も増えていきます。

その後、仮設住宅が完成すると、引っ越し支援、引っ越し先でのサロン、交流活動の支援、通院等外出の支援、買い物の支援等がはじまります。また、孤立の防止（自殺の防止）も重要になります。

災害ボランティアセンター設置の期間は災害による被害の規模にもよりますが、だいたいは、仮設住宅での暮らしが安定し、災害公営住宅への引っ越しの手前あたりで収束していきます、センターの名称は「復興支援センター」や「復興支援ボランティアセンター」となり支援も次の

ステージへと進むようになります。

2. 災害ボランティアセンターに必要な視点

東日本大震災以降、各地で毎年何らかの災害が起こると、各地からボランティア活動者が集まり、災害ボランティアセンター運営も被災地に住む人と外部の人との協働で実施される状況にあります。その際に、最も配慮しなければならないのは、外部者が主人公になるのではなく、地元の人々をセンター運営の主人公とし、外部からの支援者は支える視点でかかわるという態度です。これを、被災した住民本位、被災地主体といいます。とある県のまちに入ったNPOが、まちの職員に深くかかわり、災害ボランティアセンターを牛耳ろうとし、その後のまちの復興事業を悪用し、逮捕された事案もありますが、これは被災した住民本位、被災地主体という考え方と全く違います。

そのためには、通常のボランティアセンターにもコーディネート機能が必要となります。

また、災害はその種類（水害、地震、雪害、噴火など）、地域性（大都市、地方都市ほか）、季節等の諸条件により人々や地域のニーズが異なるため、さまざまな災害ボランティアセンターの形があります。そのためには、これまでの災害時の振り返りと蓄積をもとにコーディネーター養成を行い、平常時から非常時に備えるといった取り組みが重要となります。

3 生活支援相談員

生活支援相談員は、仮設住宅に入居をはじめた人々に対して、あるいは、自宅で避難している人を含めた被災者に寄り添い、生活上の課題の把握と解決に向けた仮設住宅等への訪問活動や住民からの相談支援などの個別支援と、住民同士のつながりづくり、助け合いづくりなどの地域づくり支援を行うスタッフです。

阪神・淡路大震災では、生活支援アドバイザー、生活復興支援員等と

いう名称で、新潟県中越地震では「生活支援相談員」という名称で社会福祉協議会に配置されました。

　東日本大震災でもこうした取り組みが期待・必要とされ、自殺防止、孤立・孤立死防止、ニーズの発見、生活課題の発見や把握などをしながら、長期化する避難生活の支えとなるような相談員を地域社会に配置することとなりました。岩手県、宮城県、福島県の3県で500人を超える生活支援相談員が配置されたのです。筆者は発災以降、現在に至るまで、岩手県社会福祉協議会のもとで生活支援相談員活動の支援を行っているため、以下は、岩手県における生活支援相談員活動について取り上げます。

1. 岩手県における生活支援相談員活動

　岩手県は、当初、市町村社会福祉協議会に101名、県社会福祉協議会に17名の生活支援相談員を配置し、その後、市町村社会福祉協議会に84名の追加配置を行い、総勢202名の生活支援相談員が働くこととなりました。

　生活支援相談員は、社会福祉協議会の他部署からの異動、新規採用が多く、前職はホームヘルパー、介護福祉士、介護支援専門員の経験者のほか、福祉関係の仕事に就いたことがなかった人もいました。当初、生活支援相談員自身も被災しており、自らの生活再建と住民への支援を両立させなければなりませんでした。

　筆者は、岩手県社会福祉協議会が主催する生活支援相談員の研修を今も担当しています。研修では、潜在化するニーズ、顕在化しているニーズの発見と気づきを共有しながら、相談や支援活動を行っていく際の視点や技術をプログラムとしました。その後は、実際のケースについて振り返り、次の支援方策を考える事例検討を繰り返して、その時に必要とされる知識、技術、態度を確認し合いました。

　生活支援相談員は、被災者の生活を支援するために、声かけ、見守り、話し相手、相談、つなぎ（福祉サービスや行政）、つながりづくり（近隣）など被災者本位の支援活動を進めています。生活全体を継続して見てい

くにつれて、発災前からだったと想定される諸課題にも直面しています。以下は、岩手県社会福祉協議会と作成した事例集や、研修会での事例検討から活動の状況を見ていきます。

2．2013年の生活支援相談員活動事例集からみた状況

　発災から3年、復興に向かいはじめた時期です。仮設住宅やみなし仮設住宅に暮らす高齢の人（一人暮らし、夫婦）の福祉サービスや医療に結びつける必要があるにもかかわらず、支援を求めない、あるいは拒否する事例、就労や生活全般への相談が必要な事例、30歳代、40歳代の人や子どもの生活への心配が綴られています。就労できていない人、疾病や障害があり、また、家族関係にも課題がある（あるいは孤立している）人々への相談が行われています。なかには、ネグレクト、セルフネグレクトやDVの疑いのあるケースもあり、最も身近な支援者である生活支援相談員と常時多忙で濃密な支援に限りがある専門職との連携が課題になっています。

　訪問するたびに戸惑い、不安のまなざしを向ける住民もいます。たくさんの話を聞くことを覚悟して深呼吸してから訪問する生活支援相談員、「私たちはもう大丈夫だから、ほかの人のところに行ってあげて」と語ってくれた住民、サロンで「今日も1日、楽しかったよ」とひと言かけてくれた仮設住宅の人々の声、こうして、生活支援相談員は忙しいなかに心満たされ、一緒に泣いて、笑って、考えて、歩いていく日々を繰り返していたのです。

3．2014年、2015年の生活支援相談員活動事例集からみた状況

　被災地では、災害公営住宅の建設、高台移転用地の造成やかさ上げが進み、自力再建または災害公営住宅へと居所が変わっていきます。地域社会をよくしていきながら、それぞれの生活の向上を図っていくという地域支援もいろいろと工夫されました。実際には居所の変化により、人間関係、地域関係の再構築も求められ、新たなコミュニティ形成が必要となっていく時期です。新たな住居を前に、ここでは畑仕事ができない、

お茶飲みの相手もいないという声も聞かれます。生活とは何か？　それは「今日もよき1日だった、と実感してぐっすり眠ることができる毎日」ではないでしょうか。被災地の生活にはそれが成り立つ環境が壊され、取り戻されていないのです。認知症ケア、精神障害がある人の支援、親の年金で生活する稼働年齢層の子どもの家族問題、訪問しても扉が開かない人等さまざまな訪問活動上の発見や気づきが生活支援相談員を悩ませます。地域でともに暮らし続けること、どうやってそれをつくっていくのか、岩手県社会福祉協議会の発行する生活支援相談員活動の広報紙のタイトルは「一緒に歩こう、今日も明日も」でした。一緒に歩く人がいること、それが人間の暮らしに必要不可欠なものではないでしょうか。

4．2016年の生活支援相談員活動事例集からみた状況

　2016（平成28）年11月14日から15日に岩手県社会福祉協議会主催による「生活支援相談員活動研究会」が開かれ、生活支援相談員が集まりました。事前に提出された、生活支援相談員が気になる事例、共有したい事例は65例にのぼりました。

　主催者がカテゴリー化した事例の内訳は、仮設住宅の事例が24.6％、災害公営住宅の事例が29.2％、気になる事例が20％、地域づくりに関する事例が7.7％、その他が18.5％です。

　なかなか会えない人、災害公営住宅への引っ越しに躊躇する人、子育て不安、不衛生な生活環境に暮らす人、近隣とのトラブル、親の介護と就労、認知症、災害公営住宅での見守りネットワークづくりや助け合いの関係づくり、医療の受診拒否、孤立死、今後の生活設計など、さまざまな個人・家族、地域社会の出来事に向き合っています。

5．これからの生活支援相談員活動

　非常事態においては、その状況特有の生活課題に対応するための人間支援、地域支援が重要です。そこから学ぶことは、やはり、人と人がつながり合う社会、ともに生きる社会をこれからの地域社会の目標とすることなのではないでしょうか。被災地での生活支援活動から見えること

は、災害があった地だからこそ起こっていることのみならず、実は、ほかの地域でも起こり得る、あるいは、すでに起こっている個人、家族、地域社会のさまざまな問題が生活支援相談員活動を通して見えてきます。

　すでにこれは、民生委員・児童委員活動で蓄積されていることでもあります。今後、民生委員・児童委員の相談活動も地域の相談職とチームを組んで、そして地域住民とチームを組んで取り組まないと、個人・家族、地域社会の支援が十分に達成できないのではないでしょうか。

　現代社会は今、実は、個人の責任ではない社会の環境、状況が影響して生活のしづらさを感じている人・家族が存在しているのです。そうした人を自己責任（個人で解決できない）の主体としてみるのではなく、現代社会の矛盾を体現した存在としてみる視点も必要なのではないでしょうか。

　そうした人々への支援は、公的なサービス、専門職のみが担っていくのではなく、地域社会の隣にいる人間も分かち合っていくことが大切だと思います。地域社会で暮らす人に何が起こっているのか、何が大変なのか、その人がどのような世界で生きているのかなど、はじめはわからないことだらけだと思います。しかし、隣にいて寄り添うことで（寄り添うとは、単に隣にいるという意味ではなく、その人の痛みを自分の痛みに感じること）、だんだんとその矛盾や生活のしづらさを理解していけるのではないでしょうか。こうした過程を、専門職のみでなく、市民と専門職が地域社会に暮らしづらさを感じながら生きている人々を受けとめていくチームとなって、これからの赤ちゃんから高齢者までの暮らしやすい地域づくりを進めることが必要なのではないかと思います。

　生活支援相談員が担ったことは、きっと、災害時のみならず、平常時の地域社会の人々を支え、地域づくりを進める基盤として、姿やかたち、名称を変えたとしても、地域社会に必要なソーシャルワーカーとして、また、生活支援・地域福祉コーディネーターとして担う人々にとって重要な支援の蓄積なのではないかと思うのです。

謝辞

　本稿の作成は、岩手県社会福祉協議会の皆さま（特に、根田秋雄地域福祉企画部長（当時）、右京昌久事務局次長（現在）、田澤晶子さん、和山亨さん、石川史也さん）、お名前を書ききれない市町村社会福祉協議会の役職員、生活支援相談員さんとの出会いと、新潟県長岡市社会福祉協議会の本間和也さんとの出会いがなければ作成できませんでした。ここにお礼申し上げます。

参考文献

- 「新潟県中越大震災と長岡市社協」社会福祉法人長岡市社会福祉協議会　2008年
- 「東日本大震災被災地社協における被災者への生活支援・相談活動の現状と課題」社会福祉法人全国社会福祉協議会
- 「生活支援相談員活動事例集2013」社会福祉法人岩手県社会福祉協議会　2014年
- 「生活支援相談員活動事例集2014」社会福祉法人岩手県社会福祉協議会　2015年
- 「生活支援相談員活動事例集2015」社会福祉法人岩手県社会福祉協議会　2016年

第3章 被災状況にみる災害ソーシャルワークの必要性

はじめに

　災害時支援は、災害前、災害直後、災害後という時系列で、その支援の必要性が整理されます。多くの人々が着目する災害直後の支援においては、福祉の支援よりも医療や看護、自衛隊による支援など命を守る支援が最優先され、その後、行政による避難所運営や物資提供等に関連してのボランティア・NPOによる支援活動が語られることが多々あります。そのため、社会福祉協議会における災害時支援は、災害ボランティアセンターの立ち上げや運営に重点が置かれてきました。また、災害時の緊急的支援については、福祉専門職における支援はあまり注目されず、心理職によるこころのケア（精神保健福祉士も参画）など福祉の周辺領域での災害時の重要性が語られて久しくなります。高齢者や障害者については、社会福祉施設での受け入れ対応として語られることが多くありました。一方で、東日本大震災では、孤立防止を目的とした「生活支援相談員」の配置が社会福祉協議会によって行われ、避難所をはじめ仮設住宅やみなし仮設住宅等への訪問活動が展開されるなど、地域支援の必要性が注目されることとなりました。また、震災後の震災関連死も東日本大震災で明らかとなった新たな課題です。本章では、災害時において福祉支援を行うソーシャルワークの必要性を明らかにすることを目的として論じていくこととします。

1 東日本大震災死亡者にみる福祉支援の必要性

　東日本大震災では、福祉職の生活支援の必要性が顕在化しました。仮

設住宅には、112か所（岩手県28か所、宮城県59か所、福島県25か所）のサポートセンターが設置され、在宅サービスの提供をはじめとした総合相談が行われました。被災した社会福祉施設復旧の交付決定は、老人福祉施設等910件、障害福祉施設等287件、児童福祉施設等593件（いずれも2012（平成24）年3月末現在）が行われています。応急仮設住宅は、53,089戸（うち、入居戸数：48,726戸）、民間賃貸住宅入居戸数は63,491戸（2012年8月27日現在）と、いわゆる民間賃貸住宅をみなし仮設住宅とし、多くの被災者が入居したことも東日本大震災の特徴であり、アウトリーチによるソーシャルワークの支援を必要とした背景ともなりました。国による他県から介護職員等の派遣調整は、述べ派遣人数として、岩手県1,082人／日、宮城県2,992人／日、福島県3,715人／日、（国立施設320人／日を含む）合計7,789人／日（2011（平成23）年8月末時点）が行われました。その他にも、日本社会福祉士会による地域包括支援センターを中心とした社会福祉士の派遣や医療社会事業協会による医療ソーシャルワーカーの相談支援、精神保健福祉士によるこころのケア、社会福祉協議会による全国の社会福祉協議会職員によるブロック派遣延べ3万2,094人（2011年9月1日まで）などが行われました。

　また、東日本大震災では、多くの高齢者や障害者、子どもたちが津波等の犠牲となりました。子どもに関しては、教職員も含め1都10県で522人が死亡し、234人の負傷者が報告されています（文部科学省発表、2011年4月21日現在）。中央教育審議会資料によるとその内訳は、岩手県内70人：園児5人、児童13人、生徒36人、学生8人、教職員8人。宮城県内380人：園児64人、児童142人、生徒126人、学生29人、教職員19人。福島県内70人：園児3人、児童23人、生徒37人、学生6人、教職員1人。その他の都県2名。行方不明：岩手県70人、宮城県134人、福島県32人です。また、岩手、宮城、福島を含む被災地からほかの都道府県の公立学校へ受け入れた児童生徒数は計8,943人で、そのうち、岩手、宮城、福島の3県の児童生徒であることが判明している人数は6,510人（残りの2,433人は、出身県の内訳が不明）となって

います。

さらに、復興庁「震災で親を亡くした子どもへの支援の状況について」によると、震災孤児（両親とも死亡またはひとり親家庭の親が死亡した児童）は、241人（岩手県94人、宮城126人、福島県21人）でした。震災遺児（両親のどちらかが死亡した児童）は、1,537人（岩手県489人、宮城県882人、福島県166人）に達しています**（表1）**。震災孤児（241人）の引き受けについては、児童相談所を通じて、親族による引き受けが67人、里親制度の活用（親族里親が95人、養育里親が73人）、児童養護施設への入所が6人（震災前から入所2名を含む）により、全員の対応が行われています。

東日本大震災で死亡した人々を年齢別に見てみましょう。内閣府「平成25年版高齢者白書」の資料を見ると、15,812人の死亡者のうち60歳以上の人が10,360人（65.5％）を占めています。70歳以上では、7,351人（46.5％）であり、高齢者が多く犠牲となったことがわかります**（図1）**。

また、障害者については、NHK「福祉ネットワーク」取材班が、「東日本大震災震災後6か月取り残される障害者」という特集番組を放送するにあたり、被災3県の身体障害者福祉手帳等の保持者に対して調査を行い、その結果が内閣府「障がい者制度改革推進会議」に参考資料として報告されています。岩手県は、宮古市36人、大船渡市47人、陸前高田市回答なし、釜石市56人、大槌町59人、山田町6人、田野畑村1人、野田村2人で岩手県合計として207人（陸前高田市除く）でした。宮城県は、仙台市回答なし、石巻市590人、塩釜市0人、気仙沼市回答なし、名取市76人、多賀城市17人、岩沼市14人、東松島市96人、亘理市

表1 ■東日本大震災被災3県における震災孤児・震災遺児数（平成27年3月現在）

	岩手県	宮城県	福島県	合計
震災孤児	94人	126人	21人	241人
震災遺児	489人	882人	166人	1,537人
計	602人	805人	160人	1,567人

出典：復興庁「震災で親を亡くした子どもへの支援の状況について」2015年より

図1 ■ 年齢階級別死亡者数

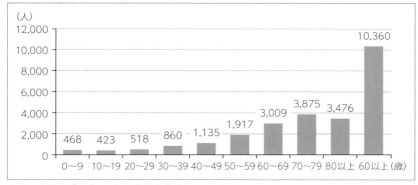

出典：内閣府「平成25年版高齢者白書」2013年

21人、山元町54人、七ヶ浜町6人、女川町84人、南三陸町82人で宮城県合計として1,040人（仙台市および気仙沼市除く）でした。福島県は、いわき市35人、相馬市17人、南相馬市16人、楢葉町11人、富岡町21人、大熊町0人、双葉町1人、浪江町23人、新地町17人で福島県合計として141人となり、被災3県27市町村合計では1,388人の障害者が亡くなっていたことが明らかとなりました。また、その死亡率は、総人口に占める死亡率が1.03％であるのに対し、2.06％と2倍でした。なお、宮城県の行政調査で2012年3月29日に「東日本大震災に伴う被害状況等について」が発表されていますが、この調査では障害者の死亡率は、約4.3倍と示されており、障害者が手帳を持たない地域住民と比べて死亡率が高いことがわかります。この点について、日本障害者フォーラム（JDF）の藤井克徳は、この高い死亡率の背景として、「第一点目として、『障害』という観点から見て、既存の震災政策の有効性を欠いていたこと」を指摘し、「人災の範疇に入るのではなかろうか」と厳しく指摘しています。また、藤井は「第二点目は、平時の障害者に対する支援策の水準と死亡率（被害の度合い）が相関しているのではということである」と指摘し、被災地の多くが障害者を対象とした社会資源（働く場、住まい、相談を含む人的な支援体制など）が十分ではなかったことを指摘しています。さらに、災害時要援護者名簿が無力だったことや個人情報

保護法が障害者支援の障壁となったことについても言及しています。

　また、地域の支援者である民生委員・児童委員も56人が亡くなっています（岩手県26人、宮城県23人、福島県17人、負傷・疾病30人）。この点は、2013（平成25）年の災害対策基本法改正により、避難行動等要支援者名簿の作成が市町村に義務づけられるようになり、災害に強い地域づくりを行っていくことが目指されていることに象徴されます。

　また、福祉避難所の必要性が明らかとなりました。東日本大震災発生時には、全国の自治体において福祉避難所整備状況は、34.0％（2010（平成22）年3月31日現在）と4割にも達していませんでした（平成22年度厚生労働省社会・援護局関係主管課長会議2011年3月3日資料参照）。そのような状況のなかで、一般避難所にいることのできなかった障害児者や要介護者を抱える家族の多くが、半壊の自宅などで避難せざるを得ない状況がありました。

　また、大規模災害が発生すると、被災地周辺の社会福祉施設には、高齢者や障害者を受け入れるよう厚生労働省から通知が発せられています。「ソーシャルワーカーの"声"プロジェクト」のインタビューにもあったように、社会福祉施設入所者の支援も大きな課題となり、ヘリコプターなどによる県外避難が行われる一方、このような大規模な避難のなかで、環境変化に対応できず、命を失った高齢者などがいることを忘れてはならないでしょう。つまり、第一に、災害発生直後における高齢者や障害者などの避難行動等要支援者をどのように支援し、命を守るかという課題があります。第二に、災害直後の高齢者や障害者などの避難行動要支援者を受け入れる福祉避難所や、新たな社会福祉施設で安全に受け入れるための環境整備の問題です。これらの支援には、社会福祉士などの生活相談員や介護福祉士などの介護職といった福祉専門職の存在は不可欠です。しかし、自衛隊や病院等によるヘリコプター支援や、福島第一原子力発電所事故からの避難誘導などの影に隠れてしまい、その役割の重要性が十分に顕在化しきれていないのではないでしょうか。これらは、災害時および災害直後の福祉専門職による生活支援の必要性にかかわります。これらが整備されていなければ、災害から命が守られても、震災

関連死として命を失うことにつながりかねません。このような災害発生時および災害直後の福祉専門職の支援について、整理する必要があると考えます。

2 災害時に求められるソーシャルワーク機能

　筆者は、災害時におけるコミュニティソーシャルワーク機能として、拙書で以下のように整理しています。(1) 災害で変化する地域の再生、コミュニティ再生を視野に入れた継続的な生活支援、(2) 被災地住民のストレングスを重視した被災地住民主体の自立支援、(3) 災害時におけるボランティアコーディネート、(4) 高齢者・障害者・子どもなど要援護者の安否確認とニーズ把握、(5) 要援護者の居住環境の確保と要援護者のスクリーニングによる福祉避難所の活用、(6) 災害時に対応した行政等に対する制度への提言、(7) 要援護者に対するケアマネジメント、(8) 災害時におけるリスクマネジメント、(9) 被災地で支援を行っている専門職へのスーパービジョン、以上の九つの機能です。

　この災害時におけるコミュニティソーシャルワークの機能から見えてくることは、災害後の福祉専門職による生活支援の必要性です。阪神・淡路大震災後に生じた孤独死の発生により孤立防止の必要性が顕在化しました。また、中越地震・中越沖地震においても、この問題は大きく取り上げられ、生活支援相談員が社会福祉協議会に配置されるようになりました。

　東日本大震災においても、これら孤立防止の取り組みが重視され、生活支援相談員の配置が被災3県で行われ重要な存在として活躍しました。社会福祉協議会の生活支援相談員の取り組みについては、本書の第Ⅱ部第2章に掲載されていますので、詳細はそちらをお読みいただきたいのですが、簡単にその業務内容を**表2**に記しておきます。

表2 ■ 生活支援相談員の業務内容

【ニーズ把握／全戸対象の活動】 ①心配ごと・困りごと（ニーズ）の把握（初期に全戸訪問等で実施。その後、必要に応じて実施）
【訪問活動（個別支援）】 ①訪問による見守り、相談、情報提供、生活支援の実施 ②生活福祉資金貸付に関する相談 ③福祉サービス（介護保険等による制度サービス）や生活支援サービス（食事サービス、ふれあいいきいきサロン、子育てサロン、買物支援サービス、移動サービス等）の利用援助 ④福祉サービス、生活支援サービス利用者を支えるための、近隣住民・ボランティアへの協力依頼や調整
【住民同士のつながり、地域の福祉活動の支援（地域支援）】 ①集う場（集会所、公民館、仮設住宅等の集会所、福祉施設、自宅、公共スペース（屋内外）等）づくりとコミュニティづくりの推進（交流イベント等交流事業を含む） ②福祉・医療等の専門職による出張相談の調整 ③住民・ボランティアによる見守り・支援ネットワーク活動の立ち上げ、運営支援 ④各種生活支援サービスの立ち上げ、運営支援 ⑤被災者支援にかかわる諸団体、自治体との連絡調整

出典：全国社会福祉協議会「生活支援相談員の手引き」2012年より

震災関連死にみる災害時における福祉的支援の必要性

　復興庁は、2012年4月27日に、震災関連死の速報値を初めて発表しました。また、2017（平成29）年3月31日の発表では、東日本大震災における震災関連死者数は、3,591人（2017年3月31日現在）とされています。また、復興庁発表資料「別紙1　東日本大震災における震災関連死の死者数（都道府県・年齢別）（平成29年3月31日現在）」の注4において震災関連死が定義されています。東日本大震災において、「『震災関連死の死者』とは、『東日本大震災による負傷の悪化等により亡くなられた方で、災害弔慰金の支給等に関する法律に基づき、当該災害弔慰

金の支給対象となった方』と定義。（実際には支給されていない方も含む。）」[1]とされています。

　内閣府では、「災害関連死への対応について」において、今後の対応の方向性についての記述のなかで、「4．特別な配慮が必要な人のための対策　④災害後の健康状態悪化や災害関連死の予防　過去の災害における災害関連死の原因を踏まえ、発災直後から行政と医療、保健、福祉の専門家や団体が連携して、防止策を講ずる必要がある。」[2]と福祉の専門家の支援の必要性を指摘しています。

　また同資料において、新潟県中越地震（2004（平成16）年10月）では、「地震時の家屋や崩壊土砂等の下敷きなど直接的・物理的原因で死亡した人は16人であり、それ以外の52人が避難の疲労等による『災害関連死』と考えられている。」としています[3]。また、新潟県中越沖地震（2007（平成19）年7月）においても、「地震からある程度期間がたってから死亡した者のうち、地震被害と何らかの間接的な関係のある原因による死者は4人であった。」と記録されており、震災関連死が発生したことが指摘されています[4]。

　そのため、東日本大震災では、震災関連死を新たに定義し、その対策に取り組むことにしました。震災関連死の要因として、具体的には、「病院の機能停止による初期治療の遅れや既往歴の増悪」「避難所等への移動中や避難所等の生活の肉体的・精神的疲労」「地震・津波・原発事故による肉体的・精神的疲労」などがあります。また、自殺も震災関連死には含まれます。これらに対応していくためには、福祉専門職の支援が不可欠です。なぜなら、震災関連死は、**表3**の「前回との差」にあるように前回調査から半年が経過した調査において、震災発生後5年以上が経過しても、新たに震災関連死が発生していることが明らかとなっているからです。まさに、生活に根差した寄り添い型の支援が求められているといえるでしょう。

表3 ■東日本大震災における震災関連死の死者数（都道府県別・年齢別）

都道府県	合計	前回との差	年齢別		
			20歳以下	20歳以上65歳未満	65歳以上
岩手県	463	(3)	1	62	400
宮城県	926	(4)	2	118	806
山形県	2	(0)	0	1	1
福島県	2,147	(61)	1	211	1,935
茨城県	41	(0)	2	6	33
埼玉県	1	(0)	0	1	0
千葉県	4	(0)	0	1	3
東京都	1	(0)	1	0	0
神奈川県	3	(0)	0	1	2
長野県	3	(0)	0	0	3
合計	3,591	(68)	7	401	3,183

（平成29年3月31日現在） （人）
出典：復興庁「東日本大震災における震災関連死の死者数（平成29年3月31日現在調査結果）」2017年より

おわりに～災害派遣福祉チームによる災害時における福祉支援～

　平成24年度厚生労働省社会福祉推進事業において、「災害福祉広域支援ネットワークの構築に向けての調査研究検討委員会」（大橋謙策委員長）が開催され、「災害派遣福祉チーム」など災害時の福祉に着目した支援体制のあるべき姿とその具体的な実施方法、条件等について検討が行われました。そして、2016（平成28）年4月に発生した熊本地震において、岩手県、京都府、熊本県では、日頃から体制を整備している災害福祉支援ネットワークを活用し、福祉・介護人材からなる被災地派遣チームを組織し、避難所等において、被災者の相談支援や移動介助などのさまざまな活動が行われました。厚生労働省は、平成29年度予算案におい

て、「災害福祉広域支援ネットワークの構築支援事業」の拡充を図り、具体的な災害福祉支援ネットワークの構築済みの自治体を対象に、災害時において被災状況やニーズを一元的に集約するとともに、災害福祉派遣チームの派遣調整等の役割を担う「後方支援チーム」の設置にかかる検討等に要する経費を加算する枠組みを、新たに設けることとしています。また、同省社会・援護局福祉基盤課は「昨年4月に発生した熊本地震をはじめ、近年、多くの自然災害が発生していることを受け、災害時要援護者に対する支援の必要性への認識は、ますます高まりを見せているところである。災害時要援護者に対する機動的、能動的な支援体制を構築するためには、まずは各都道府県において、福祉担当部局と防災担当部局、社会福祉協議会、社会福祉法人、NPO、自治体等の住民組織等からなるネットワークを構築し、平時から、災害時における役割分担、具体的な協働の内容等を整理しておくとともに、研修や訓練等による実践を積み重ねていくことが重要である。」5) と指摘し、福祉担当部局を中心とした災害福祉支援のネットワークの構築が求められているのです。まさに、東日本大震災という悲劇的な大きな災害を経て、災害時において福祉支援の必要性が明確になってきています。その実践的な展開のためには、災害時ソーシャルワークが展開されなければならないでしょう。

引用文献

1) 復興庁「東日本大震災における震災関連死の死者数（平成29年3月31日現在調査結果）」2017年
2) 内閣府「災害関連死への対応について」2012年
3) 前掲 2)
4) 前掲 2)
5) 厚生労働省「平成22年度厚生労働省社会・援護局関係主管課長会議平成23年3月3日資料」2011年

参考文献

・大橋謙策「第5章第2節　災害時支援とコミュニティソーシャルワーク―東日本大震災に学ぶ―」日本地域福祉研究所監修／中島修・菱沼幹男共編『コミュニ

ティソーシャルワークの理論と実践』中央法規出版　2015 年
- 厚生労働省「平成 23 年（2011 年）東北地方太平洋沖地震の被害状況および対応について」第 1 報から第 27 報（平成 23 年 3 月 11 日～3 月 24 日）2011 年
- 厚生労働省「復興のためのロードマップについて」2012 年
- 厚生労働省「平成 28 年度厚生労働省社会・援護局関係主管課長会議平成 29 年 3 月 2 日資料」2017 年
- 佐甲学「第 3 章　東日本大震災と社会福祉協議会による支援活動の展開と課題」日本地域福祉学会東日本大震災復興支援・研究委員会編『東日本大震災と地域福祉』中央法規出版　2015 年
- 全国社会福祉協議会「生活支援相談員の手引き」2012 年
- 全国民生委員児童委員連合会「東日本大震災　被災民生委員・児童委員への弔意・見舞いのための義援金募集」2011 年
- 内閣府「障がい者制度改革推進会議　参考資料 4　第 37 回（平成 24 年 1 月 23 日）」2011 年
- 内閣府「平成 25 年版高齢者白書」2013 年
- 中島修「第 13 章　災害時におけるコミュニティソーシャルワーク実践に関する研究」文部科学研究費『コミュニティソーシャルワーク実践の体系的なスキルの検証及び教育法の開発（課題番号：19330133）平成 19・20 年度科学研究費補助金（基盤研究（B））研究成果報告書』2009 年
- 中島修「第 2 章　地域福祉政策の視点による東日本大震災の取組み」(日本地域福祉学会東日本大震災復興支援・研究委員会編『東日本大震災と地域福祉―次世代への継承を探る―』) 中央法規出版　2015 年
- 藤井克徳「東日本大震災と被災障害者～高い死亡率の背景に何が～ JDF による支援活動の中間まとめと提言」日本障害フォーラム『東日本大震災　障害者の支援に関する報告書　日本障害フォーラムおよび関係団体による活動と提言』2013 年
- 復興庁「震災で親を亡くした子どもへの支援の状況について（平成 27 年 10 月 7 日）」2015 年
- 復興庁「東日本大震災における震災関連死の死者数（平成 28 年 9 月 30 日現在調査結果）」2017 年
- 文部科学省「中央教育審議会（第 76 回）資料 1 東日本大震災による被害状況等について」2012 年
- 宮城県「東日本大震災に伴う被害状況等について（平成 24 年 2 月 28 日現在）」2012 年

第 4 章 災害時要援護者支援としての ソーシャルワーク

1 自然災害と災害時要援護者

1. 自然災害がもたらす不平等性

　2011（平成 23）年 3 月 11 日に発生した南三陸沖を震源とする東日本大震災は、死者 19,418 名、行方不明者 2,592 名（2016（平成 28）年 3 月 1 日現在）という甚大な人的被害をもたらしました。東日本大震災の特徴としては、大規模な津波による被害があげられ、全国の浸水面積が 561km^2（青森県 24km^2、岩手県 58km^2、宮城県 327km^2、福島県 112km^2、茨城県 23km^2、千葉県 17km^2）におよんでおり、人的被害における死因の 90％が溺死であることが報告されています。

　このように東日本大震災は多くの犠牲者を生むこととなりましたが、その災禍はすべての人に平等に降りかかっていたわけではなく、とりわけ被害の大きかった岩手県、宮城県、福島県の死者数に占める 60 歳以上の割合は約 65％となっており、高齢者に被害が集中していたことが知られています。また障害者についても、上記の被災 3 県における身体障害者、知的障害者、精神障害者の各種障害者手帳を保有している人の死亡率が住民全体の死亡率の約 2 倍になることが、毎日新聞や河北新聞による調査によって明らかにされています。

　さらにこうした自然災害による人的被害は、建物の倒壊や津波の被害など災害による直接的な影響で亡くなる場合だけでなく、避難生活における心身の負担の影響や病院の機能停止による初期治療の遅れなどによる、間接的な要因によってもたらされる災害関連死にも注目する必要があります。東日本大震災においては、災害関連死による死者数は、2016 年 3 月 31 日現在において 3,472 名となっており、津波や家屋の倒壊といった自然災害による直接的な被害から逃れることのできた命が、

数多く失われていることがわかります。そしてこの災害関連死における年齢構成割合を見ると、70歳以上の犠牲者が約9割を占めることが報告されており、ここでも高齢者による被害が目立つ結果となっています。

2. 災害時要援護者とは

　わが国において、自然災害がもたらす災禍の不平等性が着目されるようになったのは、1985（昭和60）年に長野県で起きた土砂災害により、老人ホーム「松寿荘」の入居者26名が生き埋めになったことが契機としてあげられます。

　そしてこれを受け、1987（昭和62）年版の『防災白書』では、災害時においてより多くの高齢者や障害者などが犠牲になるとして、「①自分の身に危険が差し迫った場合、それを察知する能力がないまたは困難、②自分の身に危険が差し迫った場合、それを察知しても援助者に伝えることができないまたは困難、③危険を知らせる情報を受け取ることができないまたは困難、④危険を知らせる情報が送られても、それに対して行動することができないまたは困難」[1]といったハンディキャップを抱えている人々を「災害弱者」として位置づけ、災害時の一連の行動における困難をカバーするための対策を講じる必要があるとしています。

　この防災白書で示される災害弱者の定義については、避難行動における判断能力や運動能力といった身体機能または能力上の制約に着目していることを特徴としてあげることができ、高齢者や障害者といった人々を弱者として一律的に位置づけるものであったことが指摘されています。

　一方、災害弱者の概念については、2004（平成16）年版の『防災白書』以降、災害時要援護者という用語に置き換えられています[注1]。災害時要援護者については、2004年に発生した新潟・福島豪雨災害や福井豪雨災害を契機として定められた「災害時要援護者の避難支援ガイドライン」において、「必要な情報を迅速かつ的確に把握し、災害から自らを守るために安全な場所に避難するなどの災害時の一連の行動をとるのに支援を要する人々をいい、一般的に高齢者、障害者、外国人、乳幼児、妊婦等があげられている。要援護者は新しい環境への適応能力が不十分で

あるため、災害による住環境の変化への対応や避難行動、避難所での生活に困難を来すが、必要なときに必要な支援が適切に受けられれば自立した生活を送ることが可能である」[2]とされています。

この災害時要援護者の概念は、災害時要援護者の避難支援ガイドラインにおいて、必要な支援が得られるのであれば、自立した生活を送ることができるとされているように、災害時における避難行動上の問題を身体機能または能力上の制約といった個人が抱える要因だけでなく、必要な支援を提供してくれる人の有無といった環境上の要因に着目している点を特徴としてあげることができます。

つまり災害弱者から災害時要援護者への概念の置き換えは、高齢者や障害者といった人々が抱える身体機能または能力上の制約に着目し、画一的に彼らを弱者として見るとらえ方から、彼らを取り巻く環境も含めて、その脆弱性をとらえる見方への転換を意味しています。

2 災害時要援護者に対する支援策

わが国における災害時要援護者に対する支援策については、上述した2004年に策定された「災害時要援護者の避難支援ガイドライン」を改訂し、2006（平成18）年3月に発表された「災害時要援護者の避難支援ガイドライン（改訂版）」（以下、ガイドライン改訂版とする）を指針として展開されてきました。しかし東日本大震災において、このガイド

注1　「災害時要援護者」の用語以外に類似したものとして「避難行動要支援者」という用語があります。この両者の関係については、災害時要援護者の避難支援に関する検討会が2013（平成25）年3月に発表した報告書において示されています。それによれば、災害時に支援を要する者については、時間軸に沿って整理することができ、①発災前から要介護状態や障害等の理由により、発災時の避難行動に支援が必要な者、②避難途中に障害等を負い、避難支援が必要となった者、③避難後に避難所等での生活に支援が必要となった者に分けることができるとされています。そして「避難行動要支援者」については①が該当するとし、「災害時要援護者」は①〜③のすべてを含むとしています。本稿は、災害時要援護者の避難支援について検討を行うものであることから、上記の①が該当する者を対象としますが、「災害時要援護者」と「避難行動要支援者」の用語の使い分けは行わず、「災害時要援護者」の用語を用いることとします。

ライン改訂版が十分な役割を果たすことができなかった反省から、2013（平成25）年6月の災害対策基本法の改正を受け、同年8月に内閣府が「避難行動要支援者の避難行動支援に関する取組指針」（以下、取組指針とする）を策定し、これに基づき、今日における災害時要援護者に対する支援策が実施されています[注2]。

1. 取組指針が示す災害時要援護者支援の概要

　従来の災害時要援護者に対する支援策の指針とされていたガイドライン改訂版では、平常時からの災害時要援護者に関する情報の収集と共有が不可欠であるとして、災害時要援護者から同意を得ずに、福祉関係部局等が保有する災害時要援護者に関する情報を関係機関で共有する「関係機関共有方式」、災害時要援護者に直接的にはたらきかけ、同意を得たうえで必要な情報を収集する「同意方式」、災害時要援護者を登録する制度について広報などにより周知した後、名簿への登録を自ら希望した者を対象として情報収集を行う「手上げ方式」の三つの手法を提示し、各市町村における自主的な対応を求めていました。

　しかし東日本大震災の発災後、市町村の部局間における災害時要援護者情報の授受について、個人情報保護条例上の問題から共有することができなかったケースや、平常時において個人情報が含まれていることを理由に、避難支援を行う関係機関に対して名簿を渡していなかったケース、災害発生後の安否確認時に事前に名簿を渡す団体を決めていなかったことから、一律に渡さないという対応がとられたケースなどがあったことが明らかとなり、ガイドライン改訂版で示された対応は十分に機能しなかったことが指摘されています。

　そしてこれらの反省を踏まえ、新たに定められた取組指針では、2013年

注2　「避難行動要支援者の避難行動支援に関する取組指針」は、災害時要援護者の名簿（避難行動要支援者名簿）の作成方法や活用方法および個別計画の策定について述べられており、避難所や福祉避難所における災害時要援護者の支援については、内閣府が発表している「避難所における良好な生活環境の確保に向けた取組指針」において規定されています。本稿においては、紙面の都合上、「避難所における良好な生活環境の確保に向けた取組指針」における内容の紹介については割愛します。

6月に改正された災害対策基本法を根拠として、市町村の内部において災害時要援護者の名簿（避難行動要支援者名簿）作成に必要な情報に限り、個人情報の目的外利用を行うことが認められることを示し[注3]、これに加え、名簿情報の外部提供についても災害時要援護者の同意を得ることで、情報提供が可能になることが明記されました[注4]。また名簿情報の外部提供について同意が得られない者についても、市町村が災害対策基本条例等において、名簿に関する情報を平常時から外部に提供できる旨を定めることで、名簿情報を外部提供することができるとしています。さらに災害が発生し、または災害が発生するおそれがある場合において、災害時要援護者の生命・身体を保護するために必要があると認められるときは、避難支援等の実施に必要な限りにおいて、避難支援を担う関係者に名簿情報を提供できることも明示されました[注5]。

　このように取組指針では、平常時から災害時要援護者に関する情報を避難支援を行う関係機関が共有することを可能にするための規定が示されていますが、さらに発災時に助かった命がその後の避難生活における配慮不足によって失われることがないよう留意するために、災害時要援護者および名簿情報が避難所における責任者に引き継がれ、名簿情報がその後の生活支援に適切に活用されることを求めています。また災害時要援護者における名簿作成に合わせ、一人ひとりが必要とする支援方法

注3　災害対策基本法における第四十九条の十第3項は、以下のように定められています。
　　市町村長は、第一項の規定による避難行動要支援者名簿の作成に必要な限度で、その保有する要配慮者の氏名その他の要配慮者に関する情報を、その保有に当たつて特定された利用の目的以外の目的のために内部で利用することができる。

注4　災害対策基本法における第四十九条の十一第2項は、以下のように定められています。
　　市町村長は、災害の発生に備え、避難支援等の実施に必要な限度で、地域防災計画の定めるところにより、消防機関、都道府県警察、民生委員法に定める民生委員、社会福祉法第百九条第一項に規定する市町村社会福祉協議会、自主防災組織その他の避難支援等の実施に携わる関係者に対し、名簿情報を提供するものとする。ただし、当該市町村の条例に特別の定めがある場合を除き、名簿情報を提供することについて本人（当該名簿情報によつて識別される特定の個人をいう。）の同意が得られない場合は、この限りでない。

注5　災害対策基本法における第四十九条の十一第3項は、以下のように定められています。
　　市町村長は、災害が発生し、又は発生するおそれがある場合において、避難行動要支援者の生命又は身体を災害から保護するために特に必要があると認めるときは、避難支援等の実施に必要な限度で、避難支援等関係者その他の者に対し、名簿情報を提供することができる。この場合においては、名簿情報を提供することについて本人の同意を得ることを要しない。

等について定める個別計画を作成することが重要であるとし、災害時要援護者と具体的な打ち合わせを行いながら、これを作成することが望ましいとしています。

　これまで見てきたように取組指針は、災害時要援護者の生命および身体を守るための迅速かつ適切な避難支援を行うために、平常時から災害時要援護者の名簿や個別計画を作成し、避難支援関係者間で情報共有を図ることや、これらの情報を避難所における避難生活において活用することが重要であるとしています。しかしながら、名簿や個別計画を策定するだけでは、実際の災害時において検討された避難支援が機能するかどうかはわかりません。そのため取組指針では、災害時要援護者と避難支援関係者の両方の参加による防災訓練を行い、情報伝達や避難支援等について実際に機能するかを点検すべきとしています。さらに避難支援をより確実なものにするためには、地域の共助力を高めることも必要であるため、防災に直接関係する取り組みだけでなく、日常の暮らしにおいて災害時要援護者が地域に溶け込んでいくことのできる環境づくりも求めています。

2．災害時要援護者支援における課題

　実効性のある防災訓練を実現するためには、まず前提として、避難支援を行う関係者が平常時から災害時要援護者に関する情報を共有することについて、当事者である災害時要援護者が同意しておくことが必要となります。すでに見たように取組指針では、市町村が災害対策基本条例等に定める場合において、災害時要援護者の同意がなくとも外部機関に名簿情報を提供できることが示されていますが、名簿情報の外部提供に関する同意がないなかで、災害時要援護者が参加する防災訓練を実施することは困難です。

　また同指針では、災害が発生するおそれがある場合において、生命・身体を保護するために必要があると認められるならば、災害時要援護者の名簿情報に関する外部提供への同意が得られなくても避難支援を担う関係者に情報提供ができる旨が示されています。これについても事前同

意を得ていない災害時要援護者に対して、「災害発生時、初めて避難の説得にあたるのでは、避難支援者の生命等を危うくしかねない」[3]とする指摘がなされており、実効性のある迅速な避難支援を行ううえで、当事者である災害時要援護者から事前同意を得ることは欠くことができないと言えるでしょう。

　一方で、内閣府が行った「避難に関する総合的対策の推進に関する実態調査」では、東日本大震災発災当時、災害時要援護者名簿[注6]に関する説明を受けたことがある者のうちの25.7％が名簿への登録を行わなかったと回答していることが報告されており、登録を行わなかった理由として「登録することの趣旨やメリットがわからなかった」（28.5％）[4]や「プライバシーが侵害されるおそれを感じた」（20.0％）[5]といった回答があげられています。立木茂雄は、災害時要援護者の事前同意が得られるためには、災害における危険性を当事者が理解することが必要であるとし、災害についてのリスクや支援の必要性について納得が得られるまで説明し、災害時要援護者における「災害イメージ」の形成を図ることが重要であると指摘しています。そしてこの立木による指摘を踏まえるならば、上記の調査において、災害時要援護者名簿に関する説明を受けたにもかかわらず、「登録することの趣旨やメリットがわからなかった」とする回答が示された結果は、説明を受ける災害時要援護者と説明を行う者との間で、共通の災害イメージを形成するための十分なコミュニケーションが図られなかったことが背景にあると推察できます。

　よって実効性のある避難支援を行ううえで、災害時要援護者に関する情報を共有するための当事者における事前同意が求められますが、その事前同意を得るためには、避難支援関係者と災害時要援護者との間の十分なコミュニケーションを図ることや、共有される情報が適切に活用されるという信頼感を醸成することが必要となります。

注6　「避難に関する総合的対策の推進に関する実態調査」では、東日本大震災の発災当時の状況を訊ねているため、当時の災害時要援護者支援の指標とされていた2006（平成18）年3月に発表された「災害時要援護者の避難支援ガイドライン（改訂版）」に従い、災害時要援護者名簿とされています。

さらに東日本大震災の発災から5年を契機に、日本障害フォーラム（JDF）とNHKが共同で行った「『障害者と防災』に関する当事者アンケート」調査では、地域で行われる防災訓練や避難訓練に64.6%の障害者が参加したことがないと回答しており、その理由としてコミュニケーションの支援がないことやわかりやすい案内がないといった内容があげられています。また訓練に参加したことがある者についても、障害者が参加しやすい配慮が行われていないと56.8%が回答をしていることが示されています。さらにこの調査では、「防災関係者やボランティア関係者は、障害者を理解することなく防災について話し合ったり、研修会を開いている」とする回答が得られたことも報告されています。

　つまり災害時要援護者と避難支援関係者の双方の参加による防災訓練を実施するためには、災害時要援護者の参加をサポートする配慮が必要ですが、そうした配慮が十分になされていない現状があることがこの調査結果からわかります。また災害時要援護者に対する配慮がなされていたとしても、それらは十分な対話がないままに避難支援関係者の間で検討が進められ、当事者である災害時要援護者の思いとずれが生じている可能性があることもうかがえます。よって避難支援関係者と災害時要援護者との間のコミュニケーションは、情報共有における事前同意を得るための場面だけに限定されるのではなく、避難のための具体的な方法を考え、訓練を実行していく場面においても求められているのであり、このコミュニケーションによって両者の理解が促され、災害時要援護者の参加を保障する防災訓練が実現すると言えます。

3 災害時要援護者支援におけるソーシャルワークの可能性

　災害時要援護者における避難支援を展開するうえで、災害時要援護者と避難支援関係者におけるコミュニケーションが重要な鍵を握っており、このコミュニケーションのあり方が避難支援の可否を決定づけるといっても過言ではありません。そこでここでは、災害時要援護者と避難支援

関係者とのコミュニケーションがより有効なものとして働くための方策についての検討を行います。

1. 災害時要援護者と避難支援関係者におけるコミュニケーション

　災害時要援護者に関する情報を避難支援関係者が共有することについて、当事者から事前同意が得られないことの一つの要因として、災害時要援護者自身が災害における危険性について十分に理解できていないことが指摘されていることはすでに見てきたとおりです。これは、災害時要援護者と避難支援関係者との間で、危険に関するとらえ方が異なることで、両者の間で齟齬が生じている状態としてとらえることができます。

　そして人や事物に対して損害を与え得る現象がもたらす危険性をリスクと呼び、こうした人々のリスクに対するとらえ方の隔たりを埋める手法としてリスクコミュニケーションがあります。このリスクコミュニケーションとは、「個人・機関・社会の間で目前の脅威に対する危険情報を共有することにより、危険を予防したり被害を最小限にしたりする双方向的な過程」[6]として定義される概念です。従来、リスクコミュニケーションは、適切な知識を欠く者に対して、専門家が一方的に情報を与える過程としてとらえられ、その関心は解説や説得の手法に置かれていました。しかし今日においては、このような一方的なコミュニケーションが受け手の反発や不同意を招きやすいことが指摘されており、関係するすべての人々の合意形成を目指した双方向のコミュニケーションが求められるようになっています。この双方向の関係によるリスクコミュニケーションは、関係者が問題解決に向けてよりよい解決法を模索するという点に特徴があり、情報を提供することよりも、双方の意見を交換する対話を重視し、成果よりもプロセスに重きが置かれる信頼関係を深めるプロセスとしてとらえられています。

　つまり災害時要援護者と避難支援関係者との間で図られるコミュニケーションが、情報共有を図るための当事者からの事前同意を得るための手段として図られ、情報共有の必要性を示す根拠となる情報を一方的に与え、説得を繰り返すといったものにとどまるのであれば、この一方

図1 ■ リスクコミュニケーションの枠組み

的なコミュニケーションが災害時要援護者の疑念を生み、反発を招いてしまうことにもつながりかねないと言えます。一方で、情報共有を図るための当事者からの事前同意を得なければならない機会を、双方向の関係によるリスクコミュニケーションが図られる場面としてとらえるならば、災害時要援護者と避難支援関係者がそれぞれにおける災害リスクのとらえ方を確認し、互いが抱く疑問や関心を投げかけ合いながら、建設的かつ継続的に対話を進め、ともに考え行動していくコミュニケーションを図ることが求められるのであり、その過程を信頼関係が形成されるプロセスとして位置づけることができます **(図1)**。そしてこうした互いの理解を促す双方向によるコミュニケーションが、防災訓練への災害時要援護者の参加を保障し、実効性のある避難支援の実現へとつながっていくと言えます。

2. 災害時要援護者支援におけるソーシャルワーカーの役割

他者に対する支援を行うソーシャルワーカーは、支援者と利用者との間で結ばれる両者の関係に強い関心を示してきました。これは支援という枠組みが「支援する者」と「支援される者」で構成され、この両者のかかわりが上意下達の関係を生み出す可能性をはらんでいるからにほかなりません。このような支援という枠組みがもつ構造的な問題を解消するため、ソーシャルワークにおける基本的な原則として利用者の主体性を尊重することが掲げられ、利用者と対等な関係を形成し、ともに課題解決を目指すパートナーとして活動を行うことがソーシャルワーカーに

求められています。またさらにソーシャルワーカーは、自らが利用者と対等な関係を形成するだけでなく、利用者を取り巻く家族や地域、サービス供給主体といった多様なシステムと利用者が不全的関係にある場合、両者を媒介して相互作用を促し、対等に向かい合うことができるよう支援を展開することが期待されています。

　一方で、これまで見てきたように災害時要援護者と避難支援関係者との関係は、実効性のある迅速な避難支援を行うために、対等であることが求められ、互いの理解を促すための双方向のコミュニケーションを図ることが期待されています。しかし避難支援という枠組みのなかで形成される両者の関係は、支援をする側と支援をされる側に分けることができ、この両者のかかわりについても上下関係が形成される可能性は否定できません。さらに避難支援を必要とする災害時要援護者は、自らの主張をうまく伝えることや理解力に困難を抱えている者等も多く、こうした場合において避難支援関係者が災害時要援護者と対等な関係に基づく双方向のコミュニケーションを図ることが容易ではないことが予想されます。

　つまり災害時要援護者と避難支援関係者との関係は、対等な関係に基づく双方向のコミュニケーションを形成することへの困難性を内包しており、これを解消するための支援を必要としていると言えます。そしてこの困難性に対する支援は、災害時要援護者の理解力に応じた適切な情報提供のための手段を講じることや、彼らが自分の考えや思いを自由に語ることのできる環境を整備すること、さらに災害時要援護者と避難支援関係者の双方が伝えようとしている情報が適切に相手に伝わるように橋渡しを行うといったものが求められているのであり、これらはソーシャルワーカーが利用者とその周辺におけるシステムとの相互作用を促し、対等な関係形成を図ろうとして展開している実践と一致します。

　よってソーシャルワーカーが災害時要援護者と避難支援関係者との間を媒介することによって、両者における対等な関係が構築され、双方向のコミュニケーションを図ることが可能となるのであり、これによって両者の理解が促され、実効性のある避難支援が実現すると言えるでしょう。

おわりに

　本稿では、災害時要援護者における避難支援を行ううえで、災害時要援護者と避難支援関係者との間で対等な関係を形成することが求められているが、この両者の関係においては双方向のコミュニケーションを図ることへの困難性を内包しているということを見てきました。そしてこの両者の関係における困難性を解消するために、ソーシャルワーカーが両者を媒介し、双方の相互作用を促進させる支援が必要であることを示しました。

　また取組指針では、災害時要援護者に対する避難支援をより確実なものにするために、防災に直接関係する取り組みだけでなく、日常のさまざまな取り組みのなかで災害時要援護者が地域に溶け込んでいくことのできる環境づくりを行い、地域の共助力を高めることを求めていますが、ここにおいてもソーシャルワーカーが災害時要援護者と地域住民との間を媒介することにより、彼らの相互作用が促進されると言えるでしょう。

　さらに災害時要援護者に対する避難支援は、避難支援関係者による努力だけではなく、支援を受ける側の平常時からの備えを行うといった自助も必要となります。しかし災害時要援護者の自助については、支援を必要とする者ほど身体的な理由などにより備えができないとする報告や、自ら災害に備えることに対してあきらめてしまっている者もいることが指摘されています。よって災害時要援護者と避難支援関係者を媒介するソーシャルワーカーは、自助のための備えができない者に対して支援を行うことや、あきらめや無力化状態に陥っている災害時要援護者のエンパワメントを図ることなど、彼らの自助力を高めていく直接的なはたらきかけを展開することも求められています。

引用文献

1) 国土庁「昭和62年版　防災白書」pp.27-29　大蔵省印刷局　1987年
2) 内閣府「災害時要援護者の避難支援ガイドライン」2006年
3) 災害時要援護者の避難支援に関する検討会「災害時要援護者の避難支援に関する検討会報告書」2013年
4) 内閣府「避難に関する総合的対策の推進に関する実態調査結果報告書」2013年
5) 前掲4)
6) 重村淳「リスクコミュニケーション」『トラウマティック・ストレス』8(2) pp.92-93　2010年

参考文献

・岩間伸之「『媒介・過程モデル』の特質と援助過程研究　―ソーシャルワークの固有性の具体化に向けて―」『大阪市立大学生活科学部紀要』46　pp.129-144　1998年
・河北新聞「3県障害者1655人犠牲　手帳所持者死亡率1.5％全住民の2倍」2012年9月24日朝刊
・木下冨雄「リスク・コミュニケーション再考：統合的リスク・コミュニケーションの構築に向けて(1)」『日本リスク研究学会誌』18(2) pp.3-22　2008年
・国土庁「昭和62年版　防災白書」pp.27-29　大蔵省印刷局　1987年
・後藤至功「災害時におけるソーシャルワークについて考える　―いのちと暮らしをささえるソーシャルワーカー―」『福祉教育開発センター紀要』12　pp.115-130　2015年
・災害時要援護者の避難支援に関する検討会「災害時要援護者の避難支援に関する検討会報告書」2013年
・消防庁災害対策本部「平成23年(2011年)東北地方太平洋沖地震(東日本大震災)について」第153報　2016年
(http://www.fdma.go.jp/bn/higaihou/pdf/jishin/153.pdf, 2016.8.4)
・立木茂雄「災害時の要援護者支援とふだんからの地域見守り」『季刊福祉労働』115　pp.12-23　2007年
・立木茂雄「災害ソーシャルワークとは何か」『月刊福祉』97(4) pp.33-38　2014年
・土田昭司「リスクコミュニケーションとは何か：安全心理学からの提言」『日本保健医療行動科学学会年報』27　pp.10-19　2012年
・内閣府「平成16年版　防災白書」国立印刷局　2004年
・内閣府「平成23年版　防災白書」佐伯印刷　2011年
・日本障害フォーラム「『障害者と防災』に関する当事者アンケート」報告　2016年

(http://www.dinf.ne.jp/doc/JDF/demand/questionnaire.txt, 2016.9.10)
- 復興庁「東日本大震災における震災関連死に関する報告」2012 年
(http://www.reconstruction.go.jp/topics/240821_higashinihondaishinsainiokerushinsaikanrenshinikansuruhoukoku.pdf, 2016.8.4)
- 復興庁「東日本大震災における震災関連死の死者数」2013 年
(http://www.reconstruction.go.jp/topics/main-cat2/sub-cat2-6/20160630_kanrenshi.pdf, 2016.8.4)
- 毎日新聞「障害者の死亡率 2 倍　在宅保護　課題」2011 年 12 月 24 日朝刊
- 水野映子「災害時要援護者の『自助』のための備え　—障害者本人と要介護者の家族を対象とするアンケート調査から—」『Life Design Report』Summer pp.16-23　2013 年
- 李永子「災害における要援護者概念の再考　—『災害弱者』から『災害時要援護者』へのアプローチ」『福祉のまちづくり研究』8（1）　pp.38-48　2006 年

第5章 「ソーシャルワーカーの"声"プロジェクト」の教育的効果とソーシャルワーク教育における災害ソーシャルワーク導入の意義

はじめに～学生のソーシャルワークへの気づきと教育的効果～

　「ソーシャルワーカーの"声"プロジェクト」の教育的効果は、一言でいえば「学生がソーシャルワークについて自分たちの言葉で考える機会となる」ことです。つまり、「ソーシャルワーカーの"声"プロジェクト」は、「ソーシャルワーク実践を学生が実感し、学生自身の言葉でソーシャルワークを見える化する実践」なのです。

　福祉系大学経営者協議会復興支援委員会の本プロジェクトの中心的役割を担った関西福祉科学大学は、同協議会のプロジェクト終了後も「ソーシャルワーカーの"声"プロジェクト」の継続的な取り組みを行っています。同大学の報告書のなかでは、「本プロジェクトの目的は、主体的な学生の取り組みを教員が支援しながら、災害時におけるソーシャルワーカーの支援活動を学生の『感性』と『気づき』を通して浮き彫りにして、それを広く社会に発信しようとするものである」と、本プロジェクトの目的を述べています[1]。

　さらに、同報告書では、同大学の学生が「災害支援におけるソーシャルワークの際立った特徴」として、4点に集約しています。それは、「①一人ひとりに寄り添うことからはじめる。②被災者の声を外部に届ける。③声なき声に耳を傾け、個々の課題や強みを見つけ出す。④人とのつながりこそが最大の資源」の4点です[2]。「平時からソーシャルワーカーはクライエントの思いに寄り添い支援を行っている。震災後、被災者は家族や友人、住んできたまちを失った悲しみ、不安を抱いていた。ソーシャルワーカーは、災害時も『一人ひとりの思いに寄り添い支援を行う』という姿勢で、被災者支援を行っていた」と、学生の視点から整理しています。②については、「被災者のニーズと支援がマッチするように、被災

者の声を外部の支援者に確実に届けていた」と整理しています。③については、被災者が声をあげられていないことをとらえ、「その人の状況をアセスメントし、声なき声に寄り添っていた。そうすることで、被災者が表出されずにいたニーズを汲み取り支援に繋げることができた」とソーシャルワーカーの果たした役割を述べています。④については、「平時からソーシャルワーカーは、制度やサービス、様々な機関や人とのつながりなどあらゆる社会資源を駆使して、クライエントの支援を行っている」とし、それが災害時に利用できなくなってしまうこともあるが、「ソーシャルワーカーが平時に築いた人と人との繋がりは途切れることはなく、また、途切れない人との繋がりは、災害時に新たな支援を生み出すことができた。」と社会資源開発の視点を提示しています[3]。これらは、ソーシャルワーカーが、①被災者の自己決定に寄り添う支援、自立生活支援を行うこと、②被災者の代弁機能を担っていること、権利擁護の視点、③ストレングスアプローチで被災者をアセスメントする視点、プランニングと支援を実践する力の提示、④ネットワークおよび多職種連携と社会資源開発の提示を、学生の視点からそれぞれ行っていると筆者は考えます。このようなソーシャルワーク機能を学生自身の言葉で提示していることこそ、「ソーシャルワーカーの"声"プロジェクト」の教育的効果が表れているのではないでしょうか。

　この関西福祉科学大学学生の整理は、2017（平成29）年の報告書では、「①人と人がつながるきっかけづくり・強みを引き出す後押しこそ立ち上がる力へとつながる、②あふれていた情報の見える化、③隠された課題に向き合う、④表出された言葉と同時にくみとった思いも受け止める」という4点に再整理されています[4]。この整理では、①エンパワメントアプローチ、②情報収集と被災者への再提示という地域アセスメント、③潜在的ニーズの把握、④生活歴を踏まえたアセスメントと統制された情緒的関与に基づく情緒的サポートなどが、改めて言語化されていると筆者は考えます。

　「ソーシャルワーカーの"声"プロジェクト」は、被災地で実践している日本社会福祉士会に所属しているソーシャルワーカーに対してソー

シャルワークを学んでいる学生がインタビューをし、その声を多くの人々に伝えていく取り組みです。被災地で学生がボランティア活動を行う取り組みは多くありますが、「ソーシャルワーカーの"声"プロジェクト」の目的はそれとは大きく異なります。ソーシャルワークを学ぶ学生が被災地で活躍するソーシャルワーカーへインタビューすることによって、学生自身が「ソーシャルワークとは何か」を大いに考える機会となるのです。その意義は、このプロジェクトに参加した大学のすべての教員たちが実感してきたことです。この各大学の教職員のなかには、当初、被災地の県社会福祉士会と連携した実践であることに意義は見出しつつも、その実践の方法に懐疑的だった者もいたかもしれません。その不安の多くは、「学生がインタビューに行って、被災地に迷惑をかけることにならないだろうか」というものだったでしょう。しかし、その懸念は、学生がインタビューをする場面に立ち会い、被災地のソーシャルワーカーとのやり取りを見ることで見事に払拭されていき、この実践の意義を確信するものとなったのではないでしょうか。

　また、本プロジェクトは、「災害ソーシャルワークの意義」を見出す機会ともなりました。災害支援は、医療や看護、自衛隊等の支援が注目される一方で、被災者の生活を支える福祉専門職の実践は、公的にも、国民の理解も、そして福祉関係者の間にも十分な認識が生まれていません。さらに、医学教育や看護教育において災害支援がカリキュラムとして位置づけられている一方で、ソーシャルワーク教育においては、社会福祉士養成カリキュラムにおける位置づけは、「地域福祉の理論と方法」のテキストの一部で取り上げられている程度で、体系的に整理されているわけではありません。

　本章では、「ソーシャルワーカーの"声"プロジェクト」の実践を通して、被災地で学生がソーシャルワークを学ぶ意義を明らかにするとともに、「災害ソーシャルワーク」をソーシャルワーク教育に位置づけることの意義について言及することを目的とします。

被災地の生活に触れ復興支援の厳しさを学ぶ

　ここで、簡単に被災地に入ってからの「ソーシャルワーカーの"声"プロジェクト」の内容を確認しておきましょう。「ソーシャルワーカーの"声"プロジェクト」の全体像は、本著の第Ⅰ部第1章に詳細な記述があるためそれをご参照いただきたいのですが、ここでは本章に必要な部分のみを抽出して述べることとします。

　「ソーシャルワーカーの"声"プロジェクト」は、福祉系大学経営者協議会に所属している複数の大学がチームを組み、被災地に入ります。初日は、必ず被災地で実践している専門職の講話を聞きます。それは、被災地自治体の副町長やサポートセンター支援事務所の幹部職員など、被災地の全体的な状況が見える人たちから話をうかがえる機会です。この時点で、学生の多くはテレビ等で見聞きしてきた自分自身の被災地の状況認識の甘さを痛感します。被災地の厳しさを実感するのです。

　2日目は、被災地見学をします。被災地の現場を見て、被災地の地域住民や小学校の教員、社会福祉協議会や支援に入っているNPO職員等の話を聞くなかで、学生が自分のなかに被災地の現実を受け止めていく機会となります。それは、何年経っても被災地の復興がなかなか進んでいない現実を学ぶことであり、そのなかで復興商店街など被災者が復興の歩みを一所懸命進めている努力を垣間見る機会でもあります。ある大きな被害で有名な小学校の見学では、観光目的の見学と間違われ怒られたこともありました。多くの場所で、見学の目的を問われました。「何をしに来たのか」との問いに、学生たちが「被災地の状況をインタビューして、その現実を多くの人たちに伝えるために来た」と説明をしました。このやり取りのなかでも、学生たちは被災地の厳しさを実感したでしょう。「興味本位で来ただけなら意味がない」と自分自身に突きつけられるのです。その後、宿に戻り、学生たちは、初日の講話や2日目の被災地見学を踏まえて、インタビューの内容を改めて考えていく作業に入ります。

　被災地に入る前に事前学習をして、あらかじめ考えてきたことはあり

ますが、その多くは甘く十分ではなかったと見直しを迫られます。そして、被災地のソーシャルワーカーに自分たちは何を聞きたいのか、また、この被災地の厳しい現実に対し、被災地のソーシャルワーカーはどのように向き合い、取り組んできたのかを聞くことの意義を実感するのです。それは、学生たち自身がソーシャルワーカーは何をしてきたのかをこころから知りたくなる過程であり、改めて「ソーシャルワーカーへの大きな関心の芽生え」がはじまる重要な機会ではないかと筆者は考えています。それは、自分たちが学んでいる「ソーシャルワークの重要性」が確信に変わっていくはじまりでもあります。

2 被災地の災害ソーシャルワーク実践に学ぶ

前述の関西福祉科学大学の2015年度報告書にも記載されている「災害支援を考える学生シンポジウム in KOBE」へ「ソーシャルワーカーの"声"プロジェクト」に参加した文京学院大学の学生とともに参加させていただきました。その第Ⅰ部「プロジェクト5年間の歩み─学生の私たちが見たソーシャルワーカーの姿─」で総括コメントの役割を担うことになったのですが、参与観察的にその際の記録と被災地のインタビューの状況から考察をしてみようと思います。

この学生シンポジウムで語られたキーワードの一つに、「圧倒的無力感」という言葉がありました[5]。学生が被災地で感じた「圧倒的無力感」という言葉は、何から手をつけていいのか、どのような支援をしたらいいのか途方に暮れるほどの大きな被害状況と向き合ったことの証明です。そして、この被災地の現実と向き合うことによって、この状況に向き合い支援を行っていった被災地のソーシャルワーカーへの尊敬と憧れが、インタビューを通して芽生えていくことになるのです。それが、第二のキーワード「ソーシャルワーカーとの出逢い」です。福島県で学生が県社会福祉士会の方にインタビューをするなかで、ソーシャルワーカーの話を通して学生が涙を流しながら誠実に質問を投げかけていき、それ

に寄り添うように、信頼関係が形成されたなかで、学生の一所懸命なインタビューに県社会福祉士会の方々が丁寧に答えています。その時間は、インタビューに答えているソーシャルワーカーにとっても振り返りの時間であり、癒しの時間にもなっていました。インタビュー後のソーシャルワーカーの感想にも、それが表れていました。後に、宮城県社会福祉士会の高橋会長も同様の話をされています。被災地でのインタビューの場面は、過酷な状況のなかで、自らも被災者でありながら支援を行わなければならなかったソーシャルワーカーの思いを聞き、記録にまとめていくことの重要性を筆者も再認識するとともに、「ソーシャルワーカーの"声"プロジェクト」の意義が確信に変わった時でした。

3 ソーシャルワーク教育における災害ソーシャルワークの位置づけ

　災害ソーシャルワークをソーシャルワーク教育に位置づける意義を考えるにあたって、災害医療と災害看護を参考に考察してみることとします。

　ガン（Gunn, S.W.A）によると、災害医学とは「災害によって生じる健康問題の予防と迅速な救援・復興を目的として行われる応用科学で、救急医学、感染症学、小児科学、疫学、栄養学、公衆衛生学、社会医学、地域保健学、国際保健学などのさまざまな分野や、総合的な災害管理にかかわる分野が包括される医学分野である」と定義されています[6]。このように災害医療は、災害が人々の健康と生活におよぼす被害を可能な限り少なくするための医療とされており、平常時の備えから、災害発生時の救援、被災者がコミュニティでの新たな生活を再開できるまで継続的に展開される医療であると考えられています。

　1995（平成7）年の阪神・淡路大震災を教訓に、わが国の災害医療体制は、①災害拠点病院、②広域災害救急医療情報システム（Emergency Medical Information System：EMIS）、③災害派遣医療チーム（Disaster Medical Assistance Team：DMAT）、④広域医療搬送が整備されています。ここでは、MIMMS（Major Incident Medical Management and

Support）という保健医療従事者向けに作成されたイギリスの災害医療教育プログラムが理念として共通認識となっています。その内容は、それぞれの頭文字をとって CSCATTT と呼ばれています。① Command and Control（指揮・統制）、② Safety（安全）、③ Communication（情報伝達）、④ Assessment（評価）、⑤ Triage（トリアージ）、⑥ Treatment（治療）、⑦ Transportation（搬送）です。

　また、「医学教育モデル・コア・カリキュラム」が 2016（平成 28）年に改訂されていますが、そのなかで、「A-7 社会における医療の実践」において「A-7-1）地域医療への貢献　ねらい：地域医療・地域保健の在り方と現状及び課題を理解し、地域医療に貢献するための能力を獲得する。」と示されたうえで、学修目標として「⑥災害医療（災害時保健医療、医療救護班、災害派遣医療チーム（Disaster Medical Assistance Team<DMAT>）、災害派遣精神医療チーム（Disaster Psychiatric Assistance Team<DPAT>）、日本医師会災害医療チーム（Japan Medical Association Team<JMAT>）、災害拠点病院、トリアージ等）を説明できる。」と明記されています。このように、医学教育においては、そのコア・カリキュラムとして災害医療が明確に示されているのです[7]。

　また、看護教育においては、2009（平成 21）年に看護基礎教育のカリキュラムが改正され、災害看護が盛り込まれ、「災害直後から支援できる看護の基礎的知識を理解すること」が定義されました。つまり、看護基礎教育のなかで災害看護に結びつく基礎的知識を理解し、技術・態度・行動力も習得することが求められるようになったのです。その災害看護学のテキストでは、以下のように記述されています。

> 「災害発生時の被害状況と災害からの復興には、社会の変化や地域の人々の暮らしが影響を与える。したがって、災害看護は、被災後の人々の健康や生活にかかわる学問領域であるといえる。そのため、災害看護について学習する際には、社会とともに変化していく医療や地域アセスメント、複雑かつ多様な生活上のニーズのとらえ方、人びとのライフスタイル、人間関係論などと関連させて学ぶことが必要である。とくに、災害発生時の要援護者対策や他機関との連携などについては、

現在の高齢者医療福祉対策や、医療と地域社会との連携などと関連させて理解することが求められる。」[8]

　一方、ソーシャルワーク教育においては、日本学術会議社会学委員会社会福祉分科会（白澤政和委員長）が、2013（平成25）年5月に「提言　災害に対する社会福祉の役割―東日本大震災の対応も含めて―」を発表しています。この報告書要旨では、「今回の震災では、医療領域では災害派遣医療チーム（DMAT）や日本医師会災害派遣チーム（JMAT）が派遣され、また社会福祉領域では、社会福祉士、精神保健福祉士、介護支援専門員などの専門職が専門職団体や職場から派遣された、そうした中で課題となったのは、DMATやJMATと連携がなされていないこと。DMATやJMATのような緊急時に即応出来る体制づくり（災害派遣福祉チーム　DWAT：Disaster Welfare Assistance Team）の創設が必要であること。被災地域に、福祉職・介護職などを制度的に派遣する制度づくりの必要性である。そしてこうした災害時における社会福祉のあり方を理論的に確立し、教育課程に反映させることが大きな課題となっている。」と指摘しています[9]。また、同報告書では、「全米ソーシャルワーカー協会（National Association of Social Worker）が編集している『Encyclopedia of Social Worker 20th edi.』における災害（disaster）の項目では、災害時のソーシャルワーカーの役割として、災害の予防、準備、応急、復興のすべての段階に関わることの有効性を指摘している。また、平成23年にSAGEから出版された『Encyclopedia of Disaster Relief』では、災害支援の要となる政府の責任からNGOの役割、慈善活動から政治的判断、避難保護から健康的な生活、経済問題から国際的協力関係までを、さまざまな学術的定義から多面的に分析した研究成果といえる。（中略）我が国においても、社会福祉の研究・教育の重要な領域として災害支援論を早急に確立し、専門職の教育課程に明確に位置づける必要がある。」と述べられています[10]。

　さらに、2017（平成29）年3月の社会保障審議会福祉部会福祉人材確保専門委員会では、「参考資料1　福祉人材確保専門委員会における主な意見」として、社会福祉士に関する主な意見①でソーシャルワークの

機能として、「災害発生時には、段階に応じて生活ニーズは変化していく。きめ細やかな復興を支援していくためには、ソーシャルワークの機能がよりいっそう求められる。」「災害時こそ地域包括ケアが重要。災害時のソーシャルワークを担える人材をどう養成していくかを検討する必要があるのではないか。」といった意見がまとめられています[11]。

このように災害ソーシャルワークは、社会福祉学の重要な研究領域であり、ソーシャルワーク教育において教育課程に位置づけるべきものであることは、多くの人々が認めるところとなってきています。今後は、その具体的内容が検討され、ソーシャルワーカーが被災地に派遣されやすいしくみづくりが求められ、ソーシャルワーカーの養成課程と災害ソーシャルワーク実践が結びついて発展していく必要があると言えるでしょう。

災害ソーシャルワークの実態化をめざして

日本社会福祉士養成校協会（上野谷加代子　監修）は、「災害ソーシャルワーク入門　被災地からの実践知から学ぶ」をまとめています。この著書の「ごあいさつ」のなかで、長谷川会長は、「例えば、医療領域では、教育課程において『災害医療』や『災害看護』といった科目が設定され、また、災害医療に関する学会をつくり、災害などのリスクに対応する実践方法が研究され、教育されています。それに比べ、ソーシャルワークの領域では、災害支援に関して体系的な研究が充分にされておらず、また、災害時におけるソーシャルワーク教育に関する教科書もありませんでした。」と述べています[12]。今後、社会福祉士養成課程における災害ソーシャルワークの位置づけが不可欠であり、支援方法のさらなる研究が必要であると筆者は考えます。

平成24年度厚生労働省社会福祉推進事業において、「災害福祉広域支援ネットワークの構築に向けての調査研究検討委員会」（大橋謙策委員長）が開催され、「災害派遣福祉チーム」など災害時の福祉に着目した支援体制のあるべき姿とその具体的な実施方法、条件等について検討が行われ

ました。そして、2016年4月に発生した熊本地震において、岩手県、京都府、熊本県では、日頃から体制を整備している災害福祉支援ネットワークを活用し、福祉・介護人材からなる被災地派遣チームを組織し、避難所等において、被災者の相談支援や移動介助などのさまざまな活動が行われました。「ソーシャルワーカーの"声"プロジェクト」で記録された学生の声が、災害ソーシャルワークを社会福祉士養成の教育課程に位置づけることにつながり、今後も災害から逃れることができないであろう、わが国の災害支援に活かされていくことを期待したいと思います。

引用文献

1) 関西福祉科学大学東日本大震災復興支援ユースチーム「住友商事　東日本再生ユースチャレンジ・プログラム―活動・研究助成―2015年度報告書」p.6　2016年
2) 前掲1）p.6
3) 前掲1）p.6
4) 関西福祉科学大学東日本大震災復興支援ユースチーム「住友商事　東日本再生ユースチャレンジ・プログラム―活動・研究助成―2016年度報告書」p.6　2017年
5) 関西福祉科学大学東日本大震災復興支援ユースチーム「住友商事　東日本再生ユースチャレンジ・プログラム―活動・研究助成―2016年度報告書」p.65　2016年
6) 丸山嘉一「第2章災害看護学　A 災害医療の基礎知識　③災害医療の特徴」『系統看護学講座　災害看護学・国際看護学　看護の統合と実践③』p.25　医学書院　2013年
7) モデル・コア・カリキュラム改訂に関する連絡調整委員会「医学教育モデル・コア・カリキュラム 平成28年度改訂版」p.18-19　2016年
8) 小原真理子「第2章災害看護学　C 災害サイクルに応じた活動現場別の災害看護　③静穏期（2）災害介護教育の取り組み」『系統看護学講座　災害看護学・国際看護学　看護の統合と実践③』p.105　医学書院　2013年
9) 日本学術会議社会学委員会社会福祉分科会「提言　災害に対する社会福祉の役割―東日本大震災の対応も含めて―要旨」p.ii　2013年
10) 日本学術会議社会学委員会社会福祉分科会「提言　災害に対する社会福祉の役割―東日本大震災の対応も含めて―」p.18-19　2013年
11) 社会保障審議会福祉部会福祉人材確保専門委員会「参考資料1　福祉人材確保専門委員会における主な意見」p.5　2017年
12) 長谷川匡俊「ごあいさつ」『上野谷加代子監修社団法人日本社会福祉士養成校協会編集『災害ソーシャルワーク入門』p.1　中央法規出版　2013年

参考文献

・丸山嘉一「第2章災害看護学　A 災害医療の基礎知識　③災害医療の特徴」『系統看護学講座　災害看護学・国際看護学　看護の統合と実践③』p.29　医学書院　2013年

第6章 被災地における
ソーシャルワーカーのレジリエンス

はじめに

　誰もが「災害はいつ起こるかわからない」という不安が頭の片隅にあることでしょう。次の大地震が起こるかもしれないと言われている地域や、大水害が起こる可能性が高い地域に住まいのある、もしくは職場のある方々は、「災害が起きる」かもしれないという認識は高いと思います。しかし、そのような地域で防災・減災活動をしていて「自分が被災すると思う人は？」と尋ねると、手を挙げるのは、参加者の3割弱程度です。「災害は起こるだろうけれど、私は（私の家は）大丈夫」と言うのです。「大丈夫」だと思いたいという心理もはたらくことは確かであり、そのようななかで災害に向けてのこころや物資の準備というのはなかなか進まないものです。

　東北の被災地で話を聞くと、「地震が起きるという認識はあったし、ある程度の準備はしていた。しかし、そのとき何が起きるのか、その後にどのようなことが起きていくのかということまでリアルに想像することはできていなかった」とのことでした。災害は突然やってきます。準備もこころの備えも不十分なまま、そこに災害がやってくるのです。そのときの衝撃は言葉にしようもありません。そして、それだけでは終わらないのです。長い長い、復興への道のりがはじまるのです。それは果てしないように感じられることでしょう。

　筆者は阪神・淡路大震災が起きたとき、神戸市長田区の高等学校に勤めていました。地震など起こるとは思ってもいませんでした。ところが地震が発生し、災害が突然やってきたのです。勤務校が避難所になり、在校生が犠牲となりました。まちは焼け、駅は崩れ、大規模再開発地域となりました。発災10年後に神戸市は復興宣言をしました。しかし、私

たちの長田区はまだ再開発に入ったばかりでした。今も神戸では災害の影響があります。とはいえ、神戸の「人」は前に向かって歩いています。「人」が前に進むチカラはいったい「何」なのでしょうか。「どこ」から生まれてくるのでしょうか。筆者は発災から長田のまちにかかわり続けてきて薄々と気づいてはいるもののうまく表現できない、目の前の「人」のありようについて、いつも考えてきました。

そして2011（平成23）年3月11日、東日本大震災が発生しました。もうどうやっても立ち直れないのではないか、テレビを通して流れる光景に、筆者はそう恐れました。その年の4月、宮城県亘理町災害ボランティアセンターの運営支援にかかわることになったのです。そこで会った亘理町の人々は、やはり前に向かって歩きはじめていました。私はまた強く思いました。

そこで、ここからの紙幅を使って、東日本大震災で被災したソーシャルワーカーが、自らの家族や自宅も被災しながら（もしくは被害者を出しながら）も、ソーシャルワークという仕事をやり続け、ソーシャルワーカーとして目の前の人に向き合い、今というときを過ごしている事実を、レジリエンスという視点で述べていこうと思います。

1　被災するということ

災害とは何でしょうか。その定義は災害対策基本法第二条第一項で次のように説明されています。

「暴風、竜巻、豪雨、豪雪、洪水、崖崩れ、土石流、高潮、地震、津波、噴火、地滑りその他の異常な自然現象又は大規模な家事若しくは爆発その他その及ぼす被害の程度においてこれらに類する政令で定める原因により生ずる被害をいう」

近年、日本では毎年、これらのような何かの災害がどこかの地域で必ず起こっています。そのように考えると、私たちは災害と隣り合わせで暮らしていることになります。しかし、ここでいわれている「被害の程

度」とはどのようなことを指すのでしょうか。つまり、被災するとはどのようなことなのでしょうか。参考になるのは、災害派遣医療チーム（DMAT：Disaster Medical Assistance Team）のテキストに説明されている災害の定義です。

　「突然発生した異常な自然現象や人為的な原因により人間の社会的生活や生命と健康に受ける被害とする。災害で生じた対応必要量（needs）の増加が通常の対応能力（resource）を上回った状態である。」[1]

　つまり、この定義では、災害とはニーズとリソースのバランスが崩れてしまうことであると表現しており、被災するというのはどのようなことであるのか、具体的なイメージを高めることができます。例えば、介護や医療などの支援を必要とする人が増えますが、介護や医療行為をするなど支援できる人の量は増えない（もしくは減ってしまう）ということになります。被災するとは、このような厳しい状況に置かれるということなのです。

　しかし、私たちは被災しても、生活を続けなければなりません。被災前の生活は崩れてしまっても、被災したその瞬間から被災後の生活ははじまります。そして、災害後のフェーズのなかで、生活し続けることになります。その生活が日常となるのです。

2　被災当初からの学びの連続

　「ソーシャルワーカーの"声"プロジェクト」において、学生がインタビューしている様子を観察したり、そのインタビュー結果を分析したりするなかで、これまでの震災体験の有無、被災に対する知識の有無が、発災直後の行動や思考に影響をおよぼしていることが確認できました。しかし、発災後の状況は過酷であり想定外の出来事が多々起こります。そのため、震災後の体験やその場の状況から感じ取り、学ぶということを繰り返し積みながら、ソーシャルワーカーとしてよりよい支援と行動を行おうと努めていたことがうかがえます。さらに、震災後の支援プロ

図1■災害後の人の回復についての仮説図

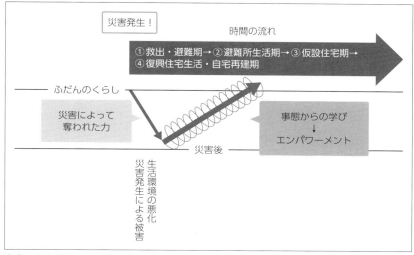

出典：山本克彦・野尻紀恵ほか「減災にむけた地域の福祉力創出プログラムの開発」2015-2016年度科学研究費挑戦的萌芽研究をもとに筆者作成

セスでは、管理職やほかの職種の方々との意見の相違や与えられた役割への疑問など、ジレンマが次々と起こっていますが、そのジレンマを乗り越える力になるのは、過去の体験だけではなく、発災後からのプロセスのなかでの体験・学びであると言える発言が多くみられました。

ソーシャルワーカーは発災直後からその場の事態に学び続けているのです**（図1）**。

3 人が回復するということ

平成25年版『防災白書』によれば、災害後の迅速な復旧・復興を可能にすることを基本的な方針とし、「強くてしなやかな（強靭な）」国づくりを進めていくと記載されています。防災にとどまらず、経済社会のシステム全体の「抵抗力」、「回復力」を確保することを目的として強靭化に向けた計画を実施し、体制整備が進められています。これは、日本と

いう国のリスクマネジメントの基本となっており、このように強靱化を進めることは、人命を守るだけではなく、どのような事態が発生しても機能不全に陥らない経済社会のシステムを確保することにつながると考えられます。

国土強靱化担当大臣のもと、「ナショナル・レジリエンス（防災・減災）懇談会」を開催し、大規模な自然災害を対象とする強靱化の構築について検討**（図2）**を進めています。そこでは、事前に備えるべき分野横断的な八つの目標を明示しています。それに照らして起こってはならない事態を45に整理しています。つまり、国が目指す災害後の迅速な復旧・復興は、強靱性を準備していくことで成り立つと考えられているのです。

国としてこのような復旧・復興計画を強靱化という視点でもっていることは重要だと言えます。ハード面など、絶対的に必要な支援をあらかじめ強化しておくことは復旧・復興のスピードを速めるに違いないでしょう。一方で、ハード面での復興が進もうとも、人々のこころの復興が進むとは限りません。まちが復興していくためには、そこに暮らす人々が元気になり、復興への思いが強まることが必要なのです。

図2 ■防災・減災の検討範囲

出典：内閣府「平成25年版　防災白書」図1-3-51 内閣官房資料より

そこで、人が回復していくために着目したいのが、人間個々が内側にもっている力です。災害時、どれだけ経験のある優れた支援者が被災地を訪れたとしても、それは一時的なものになります。いずれ被災した地域はそこに生きる人々の力によって復旧・復興のプロセスをたどらなければなりません。そして、人の生活はそのなかに暮らす人々の力によって"ふだんのくらし"に戻っていかねばならないのです。「ソーシャルワーカーの"声"プロジェクト」でインタビューをした際には、災害からの時間の経過とともに、そもそもその地域で活動していたソーシャルワーカーが、各自の内側にもっている力を発揮してきたことがまざまざと語られました。

　つまり、復旧・復興に向かおうとする気持ち、そしてその気持ちが行動へとつながっていくためには、人が内にもっている力を発揮することが重要になってくるということです。人はそれぞれに力を秘めています。しかし、日頃はあまりそのことに気づかずに生きています。そして、災害が起きると、日常生活を奪われることによって力を落としてしまい、いわゆるパワーレスの状況に置かれます。もう立ち上がれないのではないかと感じられてしまうのです。ここで、少し前に出られる人が現れたとします。例えばその人は、被災の体験をもっていたり、災害前に災害について何らかの研修を受けていたり、準備したりしているということが考えられます。では、その人たちだけが災害直後に立ち上がるのでしょうか。被災地で聞き取りを進めると、実はそうではないことがわかりました。そのような人々に呼応するように立ち上がる人が現れたのです。

　なかでもソーシャルワーカーは相談支援の専門職として、目の前にいる利用者を見つめ続けることによって、「利用者を守るために何とかしなくては」、「この状況を乗り切るにはどうしたらよいだろう」とソーシャルワーカーの職業魂が自分自身の行動を促します。その動きは周りに波及し、さまざまな人の内なる力の発揮につながっているように思われます。しかも、その職業魂を揺さぶるのは目の前にいてくれる利用者の存在なのです。

　ソーシャルワーカーは「利用者さんがいてくださって私の気持ちが助

かった」、「利用者さんが何事もなかったように毎日を過ごされていることが私にとっての救い」、「認知症のお年寄りが『昔災害に遭ったときにはこんなことで助かったよ』などと言ってくれるのが嬉しい」と証言しています。これは、クライエントであるはずの目の前の高齢者にソーシャルワーカーが癒されていると言えます。このようなストレングスの視点は、個々へのエンパワメントアプローチにつながり、個々のエンパワメントアプローチのプロセスのなかで、支援者であるソーシャルワーカー自身のレジリエンスとなっていることが明らかに示されています。

4 リフレクションからその先へ

　ソーシャルワーカーが東日本大震災発生前から現在に至るまでどのように行動し、何を感じ、考えてきたのか、という視点で「ソーシャルワーカーの"声"プロジェクト」のインタビュー現場に同席しました。

　そこでは、ソーシャルワーカー自身が、働く場の復旧・復興とともに回復していくプロセスが見られました。この回復する力をレジリエンスと呼びます。実際に災害を体験したソーシャルワーカーにインタビューすると、それぞれの通過点でリフレクションという行為が大変重要になることがわかります。

　災害が発生すると、それまでの暮らしが一変します。施設等で働くソーシャルワーカーは、施設等の職員であるとともに自分自身が生活者です。よって、施設等での役割とともに、家族の一員としても役割をもっており、災害が起こるとそこにジレンマが数々起こることになります。ある時点でのそのジレンマは仮に解決されても、違うジレンマが起こります。つまり、災害後のそれぞれのフェーズにおいてジレンマやコンフリクトが生じてくるのです。例えば、その施設が地域の避難者を受け入れるのかどうかや家族の安否確認ができないまま施設内で働き続けることへの葛藤、管理職として出す指示と混乱する現場との間で起こるずれなど、数え上げれば限りがないほどのジレンマとコンフリクトが生じます。

その要因として考えられるものには、「管理職の理解や指示」「適切な役割分担」「そもそも地域連携をしていたかどうか」ということ等があげられます。これが阻害要因となった場合、ジレンマとコンフリクトを乗り越えていくためには個人としての行動とそこから学ぶ体験が力となります。
　また、「管理職による認め」のプロセスも必要であることが示唆されました。
　これらを回復のレベルに至らすには、自らの施設で起こったこと、起こっていることを丁寧に振り返る（リフレクション）時間、場所、仲間が必要であり重要です。
　災害が発生直後から被害の大きさと生活の激変により、人は一旦「"ふだんのくらし"のしあわせ」の日常ラインから落とされます。しかし、人はそのときから「その場」で起こっている事態に向き合い、これまでの「経験」をフルに活かすとともに、その「場」から学び続け、行動につなげています。さらに「場」からの学びと「行動」の繰り返し、そして、「リフレクション」を通じて人は回復していくのです。回復力（レジリエンス）は、リフレクションの丁寧な積み重ねによって起こると思われます。

おわりに

　ソーシャルワークを学ぶ学生は、3.11をどのように感じていたのでしょうか。ややもすれば、命ある人間を支援することの過酷さをいやというほど感じ、そのことに恐怖さえ覚えていたかもしれません。クライエントを支援する現場において、ソーシャルワーカーが自分の命と利用者の命を守り通せるのだろうかと。現実に、東日本大震災ではソーシャルワークの現場に過酷な出来事が次々と起こっていたからです。
　しかし、ソーシャルワークの価値と倫理に基づき、被災地になった後もソーシャルワークを展開しているソーシャルワーカーがいました。そ

の方々の話は、実に過酷ではありますが、その危機のなかで自らの内なる力を発揮し、目の前におられる利用者の強みに着目することによって、エンパワメントの連鎖をつくり出していました。そのような力の限りの取り組みは、ソーシャルワークを学ぶ学生に勇気を与えてくれました。

さらに、災害後のソーシャルワークの実践は、利用者のみにとどまらず、施設内やその施設のある地域や学校などを変容させていたのです。まさに、災害時にこそ、ソーシャルワークの底力が発揮されるのです。

引用文献

1）日本集団災害医学会監修「DMAT 標準テキスト 改訂第 2 版」へるす出版 2015 年

参考文献

・香坂玲編「地域のレジリアンス―大災害の記憶に学ぶ」清水弘文堂書房 2010 年
・D・P・アルドリッチ、石田祐、藤澤由和（翻訳）「災害復興におけるソーシャル・キャピタルの役割とは何か：地域再建とレジリエンスの構築」ミネルヴァ書房 2015 年
・トム・ウッテン 保科京子翻訳「災害とレジリエンス―ニューオリンズの人々はハリケーン・カトリーナの衝撃をどう乗り越えたのか」明石書店 2014 年
・内閣府「平成 25 年版 防災白書」日経出版 2013 年
・日本集団災害医学会監修「DMAT 標準テキスト 改訂第 2 版」へるす出版 2015 年

第7章 災害ソーシャルワークと災害ボランティア

はじめに

　ソーシャルワークに携わる者にとって、東日本大震災は改めて自分たちの専門性と強みを問い直す機会となりました。「自分にできることは何か、自分たちにできることは何か」です。

　多くの人々が被災した地域の人々のために何かしたいと思うなかで、さまざまなボランティア活動がはじまり、また自治体レベルや職能団体レベルで多様な分野のソーシャルワーカーによる支援がはじまっていきました。

　あまりにも広域の被災であることが、生活ニーズや支援活動の全体をとらえることの難しさとなり、筆者の周りでは、ソーシャルワークが見えないという声がしばしば聞こえてきました。一方では、支援を求める声や、支援を必要とする人々が見え隠れするなかで、ボランティアセンターが立ち上がるまでボランティアを控えるべきだという呼びかけが行われ、そしてあるべきボランティア像が盛んに叫ばれました。

　さまざまな思いが錯綜しながらも、被災した地域では、多くのボランティアが多様な活動を展開し、ソーシャルワーカーたちによる懸命なソーシャルワーク実践が行われていました。このソーシャルワーク実践については、筆者自身も学生たちとともに「ソーシャルワーカーの"声"プロジェクト」に参加したことによって、はっきりととらえることができました。

　東日本大震災を振り返り、これからを考えるなかで、災害ソーシャルワークや災害ボランティアについて何が正しく、何が誤っているかというような、あるべき論について、当事者性のない立場の者が軽々しく論じることは、現実の厳しさから乖離した議論になりかねません。しかし、災害は被災した地域だけのことでなく、すべての地域が何らかの形で向

き合うことになる可能性もあり、東日本大震災以降もさまざまな自然災害が忘れる間もなく国内外で起きています。こうした災害多発時代において、ソーシャルワークに携わる者として何ができるのでしょうか。その行動は、災害ソーシャルワーク、そして時には災害ボランティアとして行われることになるでしょう。この両者は、災害により被災した人々を支援することにおいては同じです。しかし、全く同じものでもありません。両者の意義と今後のあり方を整理しながら、これらの重なりと異同について探求していくことが、本稿の目的です。

1 災害ソーシャルワーク

1. 災害ソーシャルワークの操作的定義

「災害ソーシャルワーク」については、これまで「災害福祉」や「災害時のソーシャルワーク」など、さまざまな表現や定義がなされてきました。例えば西尾祐吾は、災害福祉について「災害を契機として生活困難に直面する被災者とくに災害時要援護者の生命、生活、尊厳を守るため、災害時要援護者のニーズをあらかじめ的確に把握し、災害からの救援・生活支援・生活再建に対し、効果的な援助を組織化する公私の救援活動である」[1]と定義しています。この定義では公私の活動を含めて災害福祉としていて、ソーシャルワーカーによる支援とボランティアによる支援を包含したものとなっています。

本稿では、「災害ソーシャルワーク」を整理するにあたって、災害時にソーシャルワーカーが行う実践としてとらえ、操作的定義として以下のように定義します。

「災害ソーシャルワークとは、災害によって発生する生活ニーズへ対応するソーシャルワーカーの支援活動であり、災害によって発生する生活上のリスクを想定し、災害発生に備えた学習やネットワーク構築、人材養成、体制整備等の災害前の実践と、災害発生直後から生じる個々の生活ニーズへの対応とコミュニティの再生に至るまでのプロセスに

おいて支援活動を行う災害後の実践である。」

　この操作的定義では、災害ソーシャルワークの主体をソーシャルワーカーとしていますが、災害時においては、ソーシャルワーカー以外の多様な人々がソーシャルワーク機能を担っていることも事実としてあります。本稿では、ソーシャルワークを意識して行う実践と、ソーシャルワークを意識せずに行われた実践にソーシャルワーク機能が見られることを区別して考えます。したがって、被災地で雇用されていたソーシャルワーカーおよび被災地の公的機関との協働を基盤として被災地の外から派遣されてきたソーシャルワーカーによる支援活動を、災害ソーシャルワークとしてとらえます。なお、ソーシャルワークを職業とする人々がNPO等の非営利組織に所属して現地公的機関との連携のもとで行う活動については、後述の災害ボランティアとしてとらえることとします。

　また、この操作的定義では災害前と災害後について取り上げていますが、これは日本社会福祉士養成校協会編『災害ソーシャルワーク入門』において川上富雄が整理している五つの時期区分が、災害前と災害後に整理していることに準じるものです。すなわち、①災害前段階、②救出・避難段階、③避難所生活段階、④仮設住宅生活段階、⑤復興住宅生活・自宅再建段階[2]であり、ソーシャルワーカーはこれらの段階に応じて生じるニーズへの対応が求められます。

　なお、災害時の時間的経過の整理については、ラファエルが『災害の襲うとき　カタストロフィの精神医学』において、ポーウェルの「災害の時間的構成」を紹介しています[3]。ポーウェルによると災害の時間的経過は「警戒」「脅威」「衝撃」「検証」「救助」「救済」「回復」の7段階に整理されています（**表1**）。この整理では、災害に直結する「警戒」の段階から取り上げており、防災や減災に関する段階は含まれていません。また、回復段階を長い時期としてとらえていますが、その内容の多様性については、整理されていません。こうした視点の違いはあるものの、時間的経過に伴うニーズの変化をあらかじめ意識しておくことは、顕在化しにくいニーズ把握や将来起こり得るニーズに対する速やかな対応に欠かせません。

2. 災害ソーシャルワークの機能

　災害ソーシャルワークとして実際に行われる支援活動について、災害時におけるソーシャルワーク機能の観点から整理した研究として、日本地域福祉研究所は、中越地震の被災地である新潟県中越地域での福祉専門職等へのインタビュー調査と事例検討を行い、**表2**のように9項目にまとめています[4]。

　これは、中越地震に際して行われた支援活動から導き出されたものであり、特徴として災害時におけるソーシャルワーク機能として、災害直後だけでなく、長期的な復興期における支援を整理した点に重要性があります。そして、被災した人々に対する個別支援とあわせてコミュニティ

表1 ■ 災害の時間的経過：ポーウェル（1954）

警戒	災害が発生し得る条件が生じたためのある種の不安状態の段階
脅威	情報や観察結果からも災害が目前に迫っていることが明確な段階
衝撃	災害が実際に来襲し、死傷と破壊をもたらす段階
検証	破壊や損失など災害がもたらした影響の調査・評価の段階
救助	被災者自身や救援に駆けつけた人たちが負傷者の救助などを始める段階
救済	被災者の救済のためのより個別的、本格的な措置がとられる段階
回復	個人と社会がまた順応と安定の状態に復帰するまでの長い時期の段階

出典：ラファエル『災害の襲うとき─カタストロフィの精神医学』をもとに筆者作成

表2 ■ 災害時におけるソーシャルワーク機能

1. 高齢者、障害者、子どもなど要援護者の安否確認とニーズ把握
2. 要援護者の居住環境の確保と要援護者のスクリーニングによる福祉避難所の活用
3. 災害時に対応した行政等に対する制度への提言
4. 要援護者に対するケアマネジメント
5. 被災地住民のストレングスを重視した被災地住民主体の自立支援
6. 災害時におけるボランティアコーディネート
7. 被災地で支援を行っている専門職へのスーパービジョン
8. 災害時におけるリスクマネジメント
9. 災害で変化する地域の再生、コミュニティ再生を視野に入れた継続的な生活支援

出典：特定非営利活動法人　日本地域福祉研究所「災害時におけるソーシャルワークの展開事業報告書」2007年より

再生や政策提言、専門職へのサポートなどの地域支援の機能を含めており、これはコミュニティソーシャルワークとしての視点が盛り込まれています。これらの機能は、東日本大震災において実際に行政機関や社会福祉協議会（以下、社協）、地域包括支援センター等が内外のサポートを受けながら担い、また中越地震での取り組みを踏まえて生活支援相談員の配置にもつながっていきました。なお、この機能は「災害時」のソーシャルワークに焦点があてられたものであり、災害前の実践を含めたものではありませんが、日本地域福祉研究所の報告書においても長岡市社協の本間が災害が起こる前からの日々の福祉教育の重要性について述べています[5]。

また、災害時における支援活動の内容について、ラファエルは、災害後の事態を管理するための適切な措置として、以下の7点をあげています**（表3）**[6]。

精神科医であるラファエルは、被災した人々の精神的側面を重視し、自らが被災後の生活の主体となっていくための支援の重要性をまとめています。そして被災者だけでなく、その地域社会に対する支援の重要性についても触れていることは重要です。

また、日本の精神科医であり、阪神・淡路大震災以前から支援活動を

表3 ■ 災害後の事態を管理するための適切な措置

1. 被災者がショック状態から現状認識にいたる時期に、慰安になるような物心両面でのあらゆる人間的配慮を差し伸べること。
2. 被災者が次第にみずからの生活と運命を統御できるようになる段階で、その持てる力を認知し、支援すること。
3. 大規模な災害のあと当然生じる諸反応や立ち直りの問題について、被災者および被災者と接触する者に対する支援的な理解を促進すること。
4. 被災後の適応が危ぶまれたり、障害が生じるような者に対して、必要な個別的な手当を確保すること。
5. 社会精神医学面での手当てをその他の救援措置と組み合わせて提供すること。
6. 被災者の多様性を認識して、それに応じた措置を講ずること。
7. 災害後の期間を通じて被災者たち、その代表、さらにその地域社会の救援担当者たちに対する適切な配慮が、円滑かつ段階的に移行するように計画し、監視すること。

出典：ラファエル『災害の襲うとき―カタストロフィの精神医学』より

行ってきた野田正彰は被災者の支援にあたって、被災者という一括りで語られがちな支援に対する問題意識から、「集合化に抵抗しながら個々の人間の顔を見出すためには、救援者は常に、ソーシャルワーク的観点を持って被災者と接していく必要」があるとし、そして一人ひとりの「残された気力、残された財、その人の社会的ネットワーク」によって援助のあり方が違ってくるとしています[7]。これは一人ひとりにしっかりと向き合って、その人自身が被災後の生活を築いていくために、本人の力と環境の力に目を向けて必要な支援を行っていくことの重要性について述べているものです。

ソーシャルワークとしての支援は、相手に代わって問題解決をすることではなく、その人自身が問題へ対処していける力を高めていくことです。そのためには、一人ひとりのもつ力と環境のもつ力に目を向け、それぞれの力を高めていくことが重要です。災害ソーシャルワークの機能の前提には、こうしたソーシャルワークの価値基盤として求められるのです。

2 災害ボランティア

1. 災害ボランティアの操作的定義

「災害ボランティア」は、災害時における無償の支援活動ですが、考察を行うにあたって、操作的定義として以下のように定義したいと思います。
「災害ボランティアとは、災害によって発生した被害に対して、無償あるいは低額な報酬で行う支援活動であり、専門的な知識や技術をもった人々が専門性を活かして行うプロ・ボランティアと、安全面に考慮したうえで誰もが容易に参加できるアマチュア・ボランティアの活動がある。また、災害ボランティアには、災害発生後の人的、物的、金銭的支援だけでなく、災害発生に備えた防災・減災に関する活動も含まれる。」

したがって、本稿では福祉専門職が、現地の公的機関の管理下において活動する場合は災害ソーシャルワークとしてとらえ、公的機関の管理下でなくNPOなどの活動に自主的に参加する場合は、プロ・ボランティ

アという災害ボランティアとしてとらえます。

2. 災害ボランティアのコーディネート

　災害ボランティアが被災地において真に求められている活動を行うためには、ニーズ把握とマッチングを行うコーディネートが重要となります。このコーディネートを行うしくみとして、近年では市区町村の社協が災害ボランティアセンターを設置・運営を担い、市区町村行政の防災計画においても、このような位置づけがなされることが多くあります。

　東日本大震災においても、被災地の市町村社協が各地からのボランティアを受け入れる体制を整えるため、災害直後から災害ボランティアセンターの設置に取り組みました。しかし、職員自身も被災し、ライフラインが十分に回復していないなかでの設置やニーズ把握の体制整備は困難さを増していました。そのため、全国社会福祉協議会が都道府県ブロックごとに担当地域を割り振り、被災した市町村社協を支援したことは、全国組織であることの強みが発揮されたことでもあります。一方で、被災地の社協自身がボランティアセンターを設置・運営することの困難さも浮き彫りにすることとなりました。こうしたなかで、近隣の社協がバックアップ体制を整えて支援を行ったことや、NPOとの協働による運営方式によるボランティアセンターが生まれたことは新たな実践の形を示しました。

　多様な形態があるとしても、災害時におけるボランティアコーディネートを行うしくみとして、災害ボランティアセンターを設置・運営する方法は一般化してきました。そして具体的なノウハウは、災害前からの防災研修に活かされ、また災害時にはノウハウをもった人々が被災地に入り、技術的支援を行う実践が経験の積み重ねによって蓄積されてきています。

　こうした災害ボランティアセンターの活動が評価される一方で、多様なボランティア活動が災害ボランティアセンターという社会的装置によって管理され過ぎてしまうことを懸念する声もあります。

　例えば、被災地NGO協働センター代表の村井雅清は、ボランティア

活動について、「何の利得も求めずに行動することがボランタリー（自発的）な行為だとすると、それは被災地を訪ねた人たちが、人間の苦の部分にふれたとき、自ずと自分の中にわきあげる感覚によって引き出される」ものであるととらえ、「ボランティアをコーディネートするとは、ボランティアがもつ多様性という宝物をうまく生かすことだ。多様なボランティアによって生まれる豊かな関係性こそがボランティアの強みであり、混乱を恐れて管理に走るばかりでは、それはコーディネートとは言えない」と指摘しています[8]。さらに村井は、マニュアル化が考えないボランティアを生むとし、ボランティアの管理がボランティアの育成を妨げ、ボランティア文化の成熟を遅らせるとして、本来、自主的で多様であるボランティア活動が、ボランティアセンターやマニュアル化によって矮小化されてしまうことについて述べています[9]。

こうした問題について、渥美公秀は「被災者が必ずしも中心とならず、臨機応変な対応を回避、あるいは忌避するような秩序を求める動き」や「災害ボランティアとして被災地へ行くことを自粛させ、自己完結ゆえに相手が差し出してくれる食事やお茶をも受け取らないように求める姿勢」を「秩序化のドライブ」と称しています[10] [11]。渥美は、マニュアルへの盲従と現場に対する想像力の欠如が「秩序化のドライブ」につながるとし、これに対抗するため「遊動化のドライブ」すなわち「人々の遊動性を駆動し、即興を可能とするような場を設（しつら）える」ことの重要性を述べています[12]。

同様な指摘として野田は、日本人はいつのまにか効率的なシステムを立ち上げる習性があるとし、災害時においても効率的で人と人とのトラブルを回避するためのシステムをつくり、摩擦回避型ボランティア活動が生み出されることについて述べています[13]。

このようにボランティアセンターの管理的側面に対する批判的意見もありますが、だからといって災害ボランティアセンターや活動マニュアルが必要ないわけではありません。

災害時に生じる生活ニーズは多様であり、公的機関のみで迅速な対応は不可欠であることから、臨機応変で多様な活動が求められることはた

しかです。しかし、今日の被災地では良心的なボランティアだけが訪れるとは言い切れません。被災した人々がさらなる被害を受けないための手立てを講じる必要があります。また、アマチュア・ボランティアが危険を伴う活動を依頼され、良心から引き受けて怪我をすることがないように、ニーズによってはプロ・ボランティアに任せることができるようなしくみが必要です。

　実際にボランティアが何でもできるわけではなく、安易な活動が後の支援活動に支障をもたらすことがあり、丸山千夏は熊本地震での高所作業を例にテクニカル・ボランティアの必要性について述べています[14]。ボランティアを依頼する側も行う側も、それぞれのボランティアができる範囲を意識することが重要であり、こうしたことから、災害ボランティアセンターでのコーディネート力が求められます。

　そのため、災害ボランティアにおける臨機応変とは、誰もが被災地へ飛び込んで誰からの調整も受けずに相手のニーズへ即応ということでなく、ボランティアが自発的な行動をしながらも被災地の公的組織と連携する視点をもち、自分だけでなくほかの人々とともに多様なニーズへ対応できるしくみとしてとらえることが大切です。災害ボランティアセンターそのものの是非でなく、いかに災害ボランティアセンターという社会的装置を活かすことができるかを考えることが重要です。

3　災害ソーシャルワークと災害ボランティアの異同

　災害ソーシャルワークと災害ボランティアは、双方とも災害によって生じたニーズへ対応する支援活動であることは同じです。村井は「ボランティアは、常に『何か困っていることがあるはずだ』という目で被災者の様子をうかがい、顕在化していないニーズを掘り起こしていかなくてはならない」[15]と述べています。これは、アウトリーチによる潜在的ニーズ把握のことであり、これはボランティアに限らず、ソーシャルワーカーにとっても必要なことです。

両者の違いについて考えるときに、切り口の一つとなるのは「支援の公平性」です。例えば、岡田広行は、支援を受けられる被災者とそうでない被災者の線引きについて言及しています[16)]。岡田は、災害によって被った被害は世帯ごとに異なり、こうした被害の複雑さに対して公的な支援を行う場合は、支援対象となる人、地域、物等を限定することになり、公的支援の対象となる被災者とならない被災者が生み出される問題を指摘しています。すなわち公的支援においては、「支援の公平性」が重要視されることにより「支援の狭間」が生み出されることになります。ただし、公的支援イコール災害ソーシャルワークではありません。災害時において、ソーシャルワーカーは自らの立場を意識しながらも、制度の狭間の問題に向き合い、ほかの機関や人々との協働により支援の狭間へ対応していくことが求められます。しかしながら、やはり災害ソーシャルワークでは少なからず支援者の立場性によって「支援の公平性」の影響を受けることになります。一方、災害ボランティアでは、活動者の力量次第ではありますが、対象や内容を限定せずに支援できる強みをもっていて、「支援の公平性」に縛られることがありません。

　また「共同性」の観点から見ると、ソーシャルワーカーは被災した人々自身の生活再建に寄り添った支援を行っていくにあたり、すべてを被災者と共同して行うわけではありません。例えば、被災した住居の片づけなどへのかかわりは限定的で、ソーシャルワーカーは自ら行うよりも、こうした活動の調整をサポートする役割を担うことが求められます。一方、ボランティアは被災者とともに汗を流して共同していく側面を多分に有しています。外部からのボランティアは、ともに活動を行うことで、被災した人々をエンパワメントすることができます。また、被災した人々自身がボランティアを行うことによって、自らをエンパワメントすることにもつながります。災害ソーシャルワークと災害ボランティアでは、被災者との「共同性」においてかかわり方に違いを有しています。

　この違いは、ソーシャルワーカーが「自立支援」を重視する専門職であることにもよります。ラファエルはボランティアと社会福祉サービス提供者の支援について「奉仕活動従事者は、災害の結果に対してそれぞ

れが独自に反応して問題を起こしがちなので、その扱いはとくに面倒である。社会福祉サービスは長期的な観点からの立ち直りに果たすべき役割、とくに目標を設定し被災者の精神面でのニーズに対処する役割が重要である」と述べています[17]。こうした意見に対して、ボランティアが被災地において求められる活動をしていけるように支援することは言うまでもありませんが、福祉専門職が長期的な観点から被災者と一緒に目標を設定し、主体的な生活再建に向けて必要な支援を行うという「自立支援」の視点は、ソーシャルワーカーにとって欠かすことができないものです。

　こうした支援を行う際に、ボランティアとソーシャルワーカーの双方が意識しなければならないことは、被災者は必ずしも弱者ではないことということです。ラファエルは「およそ災害に古来まつわる誤った通念の１つは『救援者』は強く力があり、一方『被災者』は弱く無力・無能であると、はっきり２つの型にはめ込んでしまうこと」[18]について取り上げています。

　野田は、「傷ついた人こそ、自分を尊敬してほしいと思っている。ボランティアの真の仕事は、被災者１人ひとりの内に人間の尊厳を見出すことである」と述べています[19]。災害時においては、「救援者役割」と「被災者役割」という構図が形成されがちですが、被災者を一方的に支援を受ける立場に追い込んではなりません。時には被災者自身がボランティア活動を行うことによって、自らをエンパメントすることにもつながるのです。

4　災害時におけるこころのケア

　本稿の最後にこころのケアを取り上げておきたいと思います。こころのケアについては、被災した人々の話を聞くというイメージが広がっていますが、単に話を聞くだけではないことについてまとめておきたいのです。
　こころのケアに関する文献はさまざまありますが、例えばアメリカ国立子どもトラウマティックストレスネットワークとアメリカ国立PTSD

表4 ■ サイコロジカル・ファーストエイドの基本目標

- 被災者に負担をかけないよう共感的な態度によって、人と人の関係を結びます。
- 当面の安全を確かなものにし、被災者が物心両面において安心できるようにします。
- 情緒的に圧倒され、取り乱している被災者を落ち着かせ、見通しがもてるようにします。
- いまどうしてほしいのか、何が気がかりなのか、被災者が支援者に明確に伝えられるように手助けします。また、必要に応じて周辺情報を集めます。
- 被災者がいま必要としていることや、気がかりなことを解決できるように、現実的な支援と情報を提供します。
- 被災者を、家族、友人、近隣、地域支援などのソーシャルサポート・ネットワークに、可能な限り早く結びつけます。
- 適切な対処行動を支持し、その努力と効果を認めることで、被災者の持っている力を引き出し、育てます。そのために、大人、子ども、家族全体がそれぞれ、回復過程で積極的な役割を果たせるように支援します。
- 災害の心理的衝撃に効果的に対処するために役に立つ情報を提供します。
- 支援者ができることとできないことを明らかにし、(必要なときには)被災者を他の支援チーム、地域の支援システム、精神保健福祉サービス、公的機関などに紹介します。

出典:アメリカ国立子どもトラウマティックストレスネットワーク、アメリカ国立PTSDセンター著、兵庫県こころのケアセンター訳『災害時のこころのケア サイコロジカル・ファーストエイド 実施の手引き 原著第2版』医学書院 2011年より

センターでは、災害等の直後に行う心理的支援についてまとめており、兵庫県こころのケアセンターによって翻訳がなされています[20]。具体的には、サイコロジカル・ファーストエイドとして段階に応じた実践方法がまとめられ、基本目標として以下の九つがあげられています(**表4**)。これらを見ると、心理的支援と言っても話を聞くだけでなく、具体的な支援を提供することにより心理的な安定をもたらすことを目指していることがわかります。

また、これに先立ちラファエルは、被災した当人が自らの心傷的な無力感を解除していく方法として、「救助活動」、「トーキングスルー」、「証言」、「涙を流す」、「公共的な儀式・祭典・声明」、「未来への認識」をあげており[21]、こちらについても取り上げておきたいと思います。

「救助活動」については「災害はまた人間の無力感を強める。しかし、災害に対処して行動すること、つまり救助、復旧その他さまざまな災害

対策の企画や活動に従事することで、手の施しようがないような事態になんとか対処することになり、このことが無力感の克服に役立つのである」としています。災害前から支援に携わってきた人々は、災害後においても仕事として支援活動に従事することができますが、そうでない人々もボランティア活動を通して自己統制力の回復を図ることができるのです。また「トーキング・スルー」とは、被災者がそれぞれに「体験したことを具体的に言葉で表して、他者が理解できるように自我を外面化すること」[22]、「証言」とは記述したり、報告したりすることであり、自己統御と災害体験の意味づけ等につながるものです。「涙を流す」とは、ソーシャルワークにおける危機介入アプローチで重要となる悲嘆作業です。この悲嘆作業では、悲しみの感情を抑え込まずに表出することが重要ですが、日本では人前で涙を流すのは恥ずべきことという価値観が社会のなかで広く共有されています。これが災害時に限らず、精神的に苦しい状況の人々をさらに追い詰めていることを、社会全体で考えていかなければなりません。ラファエルは「悲嘆の抑制は順応不全につながり、即発か遅発の差こそあれ、精神的な障害や病態へ推移する傾向がある」ことも指摘しています[23]。「公共的な儀式・祭典・声明」は、これにより災害の苦難が社会的に認知され、個人だけでなく集団として、悲しみや怒りの解除を促すものなのです。

　これらのように、「こころのケア」は被災者自身の行動によって行われることを支援者は理解する必要があります。これらは災害ソーシャルワークにおいても、災害ボランティアにおいても忘れてはならない視点です。被災した人々自身が自らの生活を主体的に再建していくために、ソーシャルワーカーやボランティアはそれぞれの立場で何ができるか、自己満足や自己限界にとらわれず、被災者のニーズを中心にとらえた支援が求められています。そしてこうしたこころのケアは支援者支援においても重要なことです。被災した人々の厳しい状況に向き合うとき、苦しさに寄り添うためには自らの心身が安定していなければ、適切な支援につながらない場合があるでしょう。よい支援を受けている支援者はよい支援ができるということも広く社会で共有していきたいと考えます。

引用文献

1) 西尾祐吾、大塚保信、古川隆司編著『災害福祉とは何か 生活支援体制の構築に向けて』ミネルヴァ書房　p.8　2010年
2) 上野谷加代子監修、社団法人日本社会福祉士養成校協会編集『災害ソーシャルワーク入門』中央法規出版　pp.30-33　2013年
3) ビヴァリー・ラファエル著、石丸正訳『災害の襲うとき―カタストロフィの精神医学 新装版』みすず書房　pp.18-20　2016年（Beverly Raphael "When Disaster Strikes : How Individuals and communities Cope with Catastrophe", Basic Books Inc., New York, 1986）
4) 特定非営利活動法人日本地域福祉研究所「災害時におけるソーシャルワークの展開事業報告書」平成18年度独立行政法人福祉医療機構（長寿社会福祉基金）助成事業　p.3　2007年
5) 前掲4) pp.53-58
6) 前掲3) p.379
7) 野田正彰『災害救援』岩波新書　p.193　1995年
8) 村井雅清『災害ボランティアの心構え』ソフトバンク新書　pp.73-75　2011年
9) 前掲8) pp.103-105
10) 渥美公秀『災害ボランティア―新しい社会へのグループ・ダイナミックス』弘文堂　p.124　2014年
11) 前掲10) p.139
12) 前掲10) p.171
13) 前掲7) p.79
14) 丸山千夏『ボランティアという病』宝島社新書　p.98　2016年
15) 前掲8) p.50
16) 岡田広行『被災弱者』岩波新書　p.86　2015年
17) 前掲3) p.465
18) 前掲3) p.346
19) 前掲7) p.76
20) アメリカ国立子どもトラウマティックストレスネットワーク、アメリカ国立PTSDセンター著、兵庫県こころのケアセンター訳『災害時のこころのケア サイコロジカル・ファーストエイド 実施の手引き 原著第2版』医学書院　2011年（National Child Traumatic Stress Network and National Center for PTSD: "Psychological First Aid; Field Operations Guide, 2nd edition", 2006）
21) 前掲3) pp.151-154
22) 前掲3) p.121
23) 前掲3) p.177

第8章 災害復興支援とコミュニティづくり
〜「生活支援員」の取り組みから〜

はじめに

　1995（平成7）年に発生した阪神・淡路大震災では、応急仮設住宅（以下、仮設住宅）の入居者募集にあたり、災害弱者である高齢者・障害者の優先入居が進められました。その結果、元の住まいから遠く離れた仮設住宅で、高齢者や障害者等の災害弱者は、慣れない土地での生活を余儀なくされました。

　「被災者」というくくりで見られることへの精神的苦痛、慣れない土地での生活という二重の負担を抱え、仮設住宅での生活がスタートしました。当時、仮設住宅では人知れずひっそりと亡くなる単身男性が頻発し、マスメディアでは「孤独死、相次ぐ」、「単身男性に集中」などとして大きく取り上げられました。

　阪神・淡路大震災での教訓を受け、2011（平成23）年に発生した東日本大震災では、仮設住宅への入居者選定にあたり、コミュニティを分断することのないように、コミュニティ単位での入居ができるように配慮されました。時間をかけて築き上げた、人と人とのつながりで生まれたコミュニティを分断しないために、過去の教訓を活かそうとしました。

　しかし、仮設住宅への入居者決定にあたっては、当初、考えられたようにはうまく運びませんでした。例えば、同じ被災地域に住んでいた10世帯がまとまれば、それを1グループとして、入居申し込みができるようにしたのです。1グループ10世帯を1単位とし、2グループ、3グループと順調に応募が続くかにみえました。しかし、その後、応募の動きは鈍り、5グループ50世帯に到達しないうちにその動きは止まってしまったのです。

　東日本大震災では、多くの人々が津波による被害を受けました。阪神・

淡路大震災の場合は、津波という災害には見舞われなかったため、仮設住宅建設にあたっては、広い土地を探して確保すればよかったのです。しかし、東日本大震災では、仮設住宅の建設場所は高台につくるという大原則で進められました。仮設住宅が完成し、入居者募集が開始されましたが、一気には埋まりませんでした。沿岸部の被災者たちは、沿岸から遠く離れた高台に建てられた仮設住宅への入居には躊躇しました。彼らは、高台より沿岸に近い所にかさ上げされた場所での仮設住宅が完成するのを待ったのです。

空き部屋が埋まらないままの仮設住宅では、その後、個人単位の入居も受け付けられ、当初のねらいとしたコミュニティの分断を避けることはできませんでした。

東日本大震災では、福島県の原子力発電所も大きな被害を受けました。地震、津波、原発と、東日本大震災では、多くの被災者がさまざまな被害状況を抱えながら、コミュニティが否応なく分断され、復興の過程では「復興格差」に苦しめられました。

災害復興には多くの難問が立ち塞がります。復興の過程で何よりも人が必要とするものは、復興に向けてともに立ち上がろうとする「仲間」ではないでしょうか。人と人との「つながり」が復興を目指す大きな力になります。人はコミュニティのなかで、自分の居場所を見つけ、コミュニティに守られながら、立ち上がり復興へと向かうことができるのです。

本章では、災害復興支援における「コミュニティづくり」の意義を、ソーシャルワークと「生活支援員」の取り組みから考えます。

 コミュニティとは

1.「コミュニティ」について

アメリカの社会学者 R. M. マッキーバーは、「コミュニティ」とは、「一定の地域において営まれる共同生活」と規定しています。そして、コミュニティの要件として、「地域性」と「コミュニティ感情」をあげています。

さらに、後者の「コミュニティ感情」については、①共属意識、②役割意識、③依存意識の三つの要素からなるとしています。

日本において「コミュニティ」の概念が登場したのは、1969（昭和44）年の国民生活審議会コミュニティ問題小委員会の報告書「生活の場における人間性の回復」でした。そこでは、コミュニティとは「生活の場において、市民としての自主性と責任を自覚した個人および家族を構成主体として、地域性と各種の共通目標をもった、開放的でしかも構成員相互の信頼感のある集団」[1]としています。

すなわち、コミュニティとは、人と人とのつながりのもとに、信頼関係が構築され、同じ目標に向かって共同行動をとることができる集団であるということができます。

2.「コミュニティ」に潜む分断と排除

岩田正美は、「"復興"という言葉は、何かそこに標準的な望ましい被災者像を押しつけてくる傾向があるのではないか。その過程で、被災地域で生活する人を、自立していく人とそうでない人に分断していき、排除に結びついていく危険性もある」[2]と言っています。

災害が甚大なほど、コミュニティが受ける傷は深くなります。東日本大震災では、地震、津波、原発事故と三重の被害を受けました。これまでの災害では経験しなかった、復興の道のりの複雑さが被災者に覆いかぶさります。

阪神・淡路大震災のときにも、災害直後から、支援物資があり余るほどに届く所と不足する所が発生し、支援の「格差」が指摘されました。避難所のなかでも、比較的大きな避難所では支援物資が豊富で、小さな避難所や、自宅で避難する人には十分な物資が届きませんでした。また、企業社会の日本においては、会社の手厚い支援が届く所と、そうでない所があり、支援の「格差」が際立ちました。

被災者にとって、支援物資の充足は、復興に向かう大きな力になります。災害から受けた大きな恐怖と絶望のなかにあっても、人々が手を携え、力を合わせることで、この難局を乗り越えていくことができます。

しかし同時に、個々の被害状況と置かれた環境条件により、復興の「格差」が顕著になってくるのも現実です。

同じコミュニティの被災者同士であっても、目に見えて復興の度合いに違いが出てくれば、それはたちまち焦りとなり、復興の「格差」を突きつけられることにもなります。

「被災者生活再建支援法」が適用される被災者には、支援金が支給されます。地震による建物の損壊状況によって、「全壊」、「半壊」などと判定されれば、それぞれに補償金がおります。

一方、原発の地震・津波による被害と事故によってもたらされた、放射能汚染の問題は深刻です。避難勧告等により、自宅に戻れない人々の被害の深刻さは計りしれません。原発事故による被害に対しては、電力会社は補償をしなければなりません。ただ、近隣同士であっても、避難区域とそうでない区域に分かれ、道を1本隔てて、補償額に大きな差が出るのも現実です。

こうして、同じ被災者でありながら、被害状況により適用される補償の内容も異なります。被災者間で「補償格差」が生まれ、「補償」の額や有無により、被災者を分断する事態も生じています。受け取った支援金や補償金を充当して、家の再建や車の購入をすることなどで、被災者間に復興の過程や状況があらわに示されることになります。自身の復興と引き比べ、被災者のこころに焦りや不安がよぎるのは当然のことです。

また、原発の補償金によっては、それをめぐるさまざまなトラブルが報告されています。「原発御殿」といった落書きがされて、コミュニティにおける「排除」の対象とされることが実際に起きています。加えて、放射能汚染から逃れた避難先で、差別やいじめを受けることも起きているのです。

東日本大震災では、これまでの災害と比べて、原発事故という初めての経験をしました。原発問題は、被災者が生活再建をどこではじめるのか、どこに新しい居住の場を構えるのか、深刻な問題を突きつけました。当然のことながら、家族間での意見は分かれます。また、放射能汚染から幼い子どもを守るためには、母子のみが遠く離れて避難をし、父親は

職のため、現地にとどまる。こうして、親子が引き離された生活を強いられました。

このような暮らし方から、夫婦の危機につながることもあります。ひいては、離婚の道をたどるケースも多くなります。老親と子育て世代で意見が分かれ、子育て世代は遠隔地で新しい生活をはじめ、老親は現地にとどまる家族も多く、それが親子の確執を生み出すことにつながることもあります。

家族や親族間、地域住民間で、居住場所や再建方法をめぐり、分断と排除が生じています。こうして被災者のこころは、傷つき疲弊していくのです。傷ついた被災者のこころに寄り添い、生活再建を支援することは、ソーシャルワークの重要な取り組みの一つです。次に、ソーシャルワークと「生活支援員」の取り組みから、コミュニティづくりを考えます。

2 コミュニティづくりと「生活支援員」の取り組み

1. 生活支援員とは

仮設住宅は、災害救助法第23条により、自治体が被災者に提供するものです。こうした仮設住宅の入居者を支援するしくみとしての「生活支援員」にはいくつかの形態があります。

まず、社会福祉協議会(以下、「社協」という)に配置される「生活支援員」があります。これは、社協の組織支援活動の一つであり、生活福祉資金貸付事業を中心とした取り組みです。

また、都道府県の緊急雇用創出事業としては、仮設住宅の入居者や被災住民を中心として「生活支援員」を雇用するものがあります。

「生活支援員」という呼び名は、自治体によってさまざまです。①生活支援相談員、②支援連絡員、③地域支援員、④運営支援員、⑤生活支援隊、⑥生活相談員、⑦LSA(ライフサポートアドバイザー)、⑧友愛訪問員、⑨訪問支援員、⑩絆支援員、など実にさまざまです。さらに、大規模仮設住宅に併設のサポートセンターに配属される、「生活援助員」など

もあります。

2. 生活支援員とソーシャルワーク
1）個別支援と地域支援
①個別支援とソーシャルワーク

　生活支援員の仕事としては、まず仮設住宅の入居者を個別に訪問し、安否確認することがあげられます。さらに、安否確認だけにとどまらず、訪問の際、被災者の傷ついたこころに寄り添い、悩みの相談等にも応じるのが生活支援員の重要な役割です。

　相談内容によっては、生活支援サービスや福祉サービス等を紹介します。そのうえで、サービスの利用希望があれば、利用までの手続き等についても支援を行います。仮に適切なサービスがない場合などは、サービスの開発に向けて、関係機関と連携をし、調整を行うのもソーシャルワーカーとしての生活支援員の仕事です。

　仮設住宅に併設されているサポートセンターや集会室等での、各種の催しや集会等の企画、案内、実施を含め、入居者が部屋から外に出る機会を増やし、入居者間の交流を図るなど、世帯間をつなぐコミュニティづくりに努めるのも生活支援員に求められる取り組みです。

②地域支援とソーシャルワーク

　仮設住宅や「みなし仮設（民間賃貸住宅借り上げ）」に入居している被災者に対し、近所付き合いや助け合いをサポートできるような支援を行います。仮設住宅の場合は、併設の集会室や談話室を利用したサロン活動等の運営にあたり、参加を入居者だけに限定せず、地域住民にも広く参加を呼びかけます。サロンでの交流を通して、仮設住宅入居者と地域住民による、新たなコミュニティづくりが図られます。

　支援員の役割は、個別支援と並行して地域支援を念頭におきながら、孤立する被災者を生み出さないように配慮することです。そして、今後の生活再建という目標に前向きに取り組めるように、被災者の地域生活全体を支援する視点が重要です。

2）生活支援員の支援形態

　ある被災地の、被災者生活支援センターの取り組みでは、生活支援員の支援形態を三つに分けて支援しています。

①巡回型支援員

　巡回型支援員とは、隣接するいくつかの仮設住宅入居者を個別訪問する支援員のことです。訪問の際、安否確認のうえで、生活面の悩みや要望、相談を受け、ニーズ等必要に応じて関係機関と連携・調整を行います。そのうえで、仮設住宅の入居者が地域に溶け込めるように、地域コミュニティを形成するための支援を行います。

　具体的には、引きこもりや孤立死を予防するために、仲間づくりや、地域を巻き込み、仮設住宅間でのサロン活動の相互交流を図るなど、楽しく、やりがいがもてるような地域での役割づくり等、巡回型支援員としての特性を活かした支援を行います。

②訪問型支援員

　訪問型支援員とは、県内の「みなし仮設（民間賃貸住宅）」として各地に散らばって被災生活を送っている被災者や、家族が別々に暮らす被災者等を訪問し、日常での悩みや生活相談に応じます。そのなかで、帰郷の思いや家族が分断された苦悩等にも寄り添い、今後の生活再建に前向きに取り組めるように支援を行います。

③滞在型支援員

　滞在型支援員とは、仮設住宅の入居者のなかから、支援員を募ります。滞在型支援員として、同じ仮設住宅内の見守り登録高齢者等を訪問し、安否確認を行います。その際、安否確認を前面に出すのではなく、生活面での困りごとがないかなどを尋ねるなかで、顔色などにも注意を払い、何か気になる変化などがないかを注意深く見守ります。

　また、朝夕の見守りを徹底して行い、入居者同士の助け合い、支え合いの精神が醸成されるような支援活動を行います。

　さらに、滞在型支援員については、外出する機会の少ない独居高齢者や、本来ならば見守りを受ける側の対象となるような入居者から人選するのが、この取り組みのポイントです。

3.「生活支援員」を支える要点

前述したように、生活支援員のタイプ、役割、支援内容はさまざまです。そのため、ソーシャルワークの観点から生活支援員を支える場合には、いくつかの要点があげられます。ここでは二つの場合に限定して、見ていきます。

1）専門職ではない「生活支援員」へのスーパービジョン

先に述べたように、都道府県が取り組む「緊急雇用創出事業」では、仮設住宅の入居者や被災住民を中心として「生活支援員」を雇用するものがあります。その場合、生活支援員は被災者としての当事者性を有しており、被災者と同じ目線で入居者の相談に応じることができるという利点をもっています。

その一方で、被災者の心情はよく理解できるが、専門職としての教育は受けていないために、適切な距離を置いた相談支援は困難な場合もあります。こうした場合の生活支援員には、より望ましい相談援助が提供できるようなスーパービジョンが行われることが求められます。

見守りや相談業務などソーシャルワークに連なる援助業務にあたるものに対して、ソーシャルワークの価値や倫理に基づく考え方や技術などについて、研修等で伝えていくことも必要です。

生活支援員として働くことを選択した彼らも被災当事者であり、仮設住宅の入居者同様に、長引く仮設での生活には当然のことながら疲弊しています。支援員として、被災者の話に耳を傾けますが、慣れない相談業務にあたるなかで、彼らも誰かに話を聞いてほしいという思いは膨らんでいるはずです。

こうしたことを考えると、生活支援員のこころを支える役割として、外部からのソーシャルワーカーが、スーパーバイザー役を担う意義は大きいといえます。

こうした役割を担う機関として、「宮城県サポートセンター支援事務所」があります。同事務所は、宮城県が設置し、県内の関係機関の協力・支援のもと、宮城県社会福祉士会が運営受託をしています。主な事業内容

は、支援者研修や専門家・アドバイザー等の派遣、サポートセンター運営に関する相談・支援など、県内市町のサポートセンター後方支援役として、スーパービジョンを中心とした支援を行っています。

　大災害の場合は、多くの命が奪われることがあります。こうしたなかで、身近な家族を亡くした被災者は、なぜ私が生き残ったのかと思い悩むといいます。自分が生き残っていることに、罪悪感をもつ被災者もいます。復興の過程では、弱音を吐けない、あるいは吐かない被災者も多くみられます。また、とりわけ東北の人々は、自分のことは後回しにして、まず人のことを優先して考える土地柄であると聞きます。

　被災者であると同時に生活支援員としての業務に専念するなかで、支援員も業務の合間に1人の人間に立ち返り、自分の心情を聞いてくれる人を求めています。こうした支援員がバーンアウトしないように、適切なスーパーバイザーが外部支援者として派遣されることが望まれます。

　仮設住宅では、引きこもりがちな人が入居者のなかに見受けられる場合は、サロン活動などを企画し、入居者を部屋から外へ連れ出すことが重要です。こうしたサロンの企画についても、外部からの専門職支援を受けることができればよいでしょう。さらに地域のなかに仮設住宅の入居者が溶け込めるような、双方の交流が図られる取り組みも望まれます。

2)「生活支援員」を束ねるリーダー派遣の支援

　これは、住民自治が成熟した、地域活動がさかんな近隣の市が、仮設住宅の支援員を支えた事例です。仮設住宅の「生活支援員」約10名につき、近隣市から1名の統括リーダーを派遣して支援をしたケースです。

　ここでの生活支援員も先と同様に、「緊急雇用創出事業」として被災者を中心に支援員が採用されました。支援員への希望者は多く、採用された4割は仮設住宅の入居者でした。6割が女性です。支援員は、朝8時半から夕方5時半までの勤務で、各地区にある集会所に常駐します。

　1人で約40世帯ほどを担当します。各世帯に毎日訪問をし、安否確認を含めた声かけをします。訪問時には、生活に関するさまざまな相談を受け、各世帯を結ぶコミュニティづくりに力を入れます。

各リーダーは支援員と連携をし、支援員が活動をしやすい環境づくりに留意します。各支援員からあがる課題の収集に努め、関係機関と調整をします。こうしたリーダーの存在が効果を上げ、支援員からは喜ばれています。支援員は、入居者への声かけに、笑顔が増えたお年寄りが大勢いると喜んでいます。さらに、近隣同士の会話の輪が広がり、支援員として地域に貢献できる喜びを語っています。

　とりわけ、仮設住宅の住民が自ら支援員を担っている場合には、毎日訪問することで入居者との信頼関係を築くことができます。同じ被災者として、被災者の生活に貢献する支援員は、住民からは受け入れられやすいといえます。

おわりに

　NPO法人でホームレス支援を行う奥田知志は、「社会とは、赤の他人が健全に傷つく仕組みである」と言います。「絆は傷を伴う」、「その認識と覚悟が無ければ社会は無化する」と言っています。「出会いにおけるこの「傷」こそが社会を豊穣化させるモメントとなる」とも言っています。

　自己責任が求められる社会で、人に「助けて」となかなか言えない状況があります。人は、「大丈夫ですか？」と聞かれると、反射的に「大丈夫です」と応えてしまいます。人には、プライドや自尊感情があります。

　こうした「助けて」と言いにくい社会のなかで、ソーシャルワークは「伴走型社会」の創造を目指し、その役割を発揮していかなければなりません。ソーシャルワークに求められるのは、地域における一人ひとりの声に耳を傾け、そのこころに寄り添い、その人らしい生活が送れるような地域やコミュニティづくりを進めることではないでしょうか。

引用文献

1) 国民生活審議会調査部会コミュニティ問題小委員会「生活の場における人間性の回復」
(http://www.ipss.go.jp/publication/j/shiryou/no.13/data/shiryou/syakaifukushi/32.pdf, 2017.6.20)
2) 岩田正美「震災と社会的排除」『POSSE』vol.12　2011 年

参考文献

- 奥田知志「助けてと言える社会―生活困窮者を支える視点―」『コミュニティソーシャルワーク』第 17 巻　2016 年
- 公益社団法人日本医療社会福祉協会「東日本大震災 医療ソーシャルワーカーの支援バトン」Ⅰ・Ⅱ・Ⅲ　2012、2013、2015 年
- 公益財団法人 三菱財団 平成 25 年度社会福祉事業・研究助成事業「災害ソーシャルワークの理論化と教材開発・教育方法の体系化に関する研究」委員会報告 2015 年
- 筒井のり子「東日本大震災における仮設住宅等入居被災者の生活支援のあり方―生活支援相談員に求められる役割と課題」2012 年
- 日本地域福祉学会 東日本大震災復興支援・研究委員会編「東日本大震災と地域福祉―次代への継承を探る」中央法規出版　2015 年
- 平野隆之, 小木曽早苗「東日本大震災被災地における「サポートセンター」による支援とその条件整備―「サポートセンター 3 県調査」を踏まえて―」2012 年度厚生労働省老人保健事業推進費等補助金　老人保健健康増進等事業『震災被災地における要援護者への個別・地域支援の実践的研究』2013 年

資料

1 各県の被害状況

（出典）

- 「阪神・淡路大震災と東日本大震災の比較」
  内閣府『平成23年版　防災白書』　p.22　表 1-1-13
- 「我が国の主な被害地震」
  同上　p.23　表 1-1-14
- 「沿岸市町村の死者・行方不明者及び建物被害数」
  同上　pp.94-96　参考資料 3

2 避難生活

（出典）

- 内閣府「避難所の避難者数・避難者数の推移・避難所の避難者」（2011年4月10日現在）
  『平成23年東北地方太平洋沖地震緊急災害対策本部　第15回配布資料』pp.4-5
  (http://www.bousai.go.jp/2011daishinsai/honbu_kaigi/, 2017.7.31)
- 内閣府 被災者生活支援チーム「3県全避難所に対する実態把握結果について」（2011年5月20日）　pp.1-5
  (http://www.cao.go.jp/shien/2-shien/6-zentyosa/4-result-4th.pdf, 2017.7.31)

3 復興

（出典）

- 復興庁「東日本大震災からの復興に向けた道のりと見通し［平成29年3月版］」
  (http://www.reconstruction.go.jp/topics/main-cat1/sub-cat1-1/20170405113336.html, 2017.7.31)

各県の被害状況

1. 阪神・淡路大震災と東日本大震災の比較

表1 ■阪神・淡路大震災と東日本大震災の比較

	阪神・淡路大震災	東日本大震災
発生日時	平成7年1月17日 5：46	平成23年3月11日 14：46
マグニチュード	7.3	9.0
地震型	直下型	海溝型
被災地	都市部中心	農林水産地域中心
震度6弱以上県数	1県（兵庫）	8県（宮城、福島、茨城、栃木、岩手、群馬、埼玉、千葉）
津波	数十cmの津波の報告あり、被害なし	各地で大津波を観測（最大波 相馬9.3m以上、宮古8.5m以上、大船渡8.0m以上）
被害の特徴	建築物の倒壊。長田区を中心に大規模火災が発生	大津波により、沿岸部で甚大な被害が発生、多数の地区が壊滅
死者行方不明者	死者6,434名 行方不明者3名 （平成18年5月19日）	死者15,270名 行方不明者8,499名 （平成23年5月30日現在）
住家被害（全壊）	104,906	102,923 （平成23年5月26日現在）
災害救助法の適用	25市町（2府県）	241市区町村（10都県） （※）長野県北部を震源とする地震で適用された4市町村（2県）を含む
震度分布図 （震度4以上を表示）		

（内閣府資料）

表2 ■我が国の主な被害地震（明治以降）

災害名		年月日	死者・行方不明者数
濃尾地震	(M8.0)	1891年（明治24年）10月28日	7,273名
明治三陸地震津波	(M8⅕)	1896年（明治29年） 6月15日	約22,000名
関東大地震	(M7.9)	1923年（大正12年） 9月 1日	約105,000名
北丹後地震	(M7.3)	1927年（昭和 2年） 3月 7日	2,925名
昭和三陸地震津波	(M8.1)	1933年（昭和 8年） 3月 3日	3,064名
鳥取地震	(M7.2)	1943年（昭和18年） 9月10日	1,083名
東南海地震	(M7.9)	1944年（昭和19年）12月 7日	1,251名
三河地震	(M6.8)	1945年（昭和20年） 1月13日	2,306名
南海地震	(M8.0)	1946年（昭和21年）12月21日	1,443名
福井地震	(M7.1)	1948年（昭和23年） 6月28日	3,769名
十勝沖地震	(M8.2)	1952年（昭和27年） 3月 4日	33名
1960年チリ地震津波	(Mw9.5)	1960年（昭和35年） 5月23日	142名
新潟地震	(M7.5)	1964年（昭和39年） 6月16日	26名
1968年十勝沖地震	(M7.9)	1968年（昭和43年） 5月16日	52名
1974年伊豆半島沖地震	(M6.9)	1974年（昭和49年） 5月 9日	30名
1978年伊豆大島近海地震	(M7.0)	1978年（昭和53年） 1月14日	25名
1978年宮城県沖地震	(M7.4)	1978年（昭和53年） 6月12日	28名
昭和58年（1983年）日本海中部地震	(M7.7)	1983年（昭和58年） 5月26日	104名
昭和59年（1984年）長野県西部地震	(M6.8)	1984年（昭和59年） 9月14日	29名
平成5年（1993年）北海道南西沖地震	(M7.8)	1993年（平成 5年） 7月12日	230名
平成7年（1995年）兵庫県南部地震	(M7.3)	1995年（平成 7年） 1月17日	6,437名
平成16年（2004年）新潟県中越地震	(M6.8)	2004年（平成16年）10月23日	68名
平成20年（2008年）岩手・宮城内陸地震	(M7.2)	2008年（平成20年） 6月14日	23名
平成23年（2011年）東北地方太平洋沖地震	(Mw9.0)	2011年（平成23年） 3月11日	（死者）15,270名（行方不明者）8,499名

（注） 1 戦前については死者・行方不明者が1,000名を超える被害地震、戦後については死者・行方不明者が20名を超える被害地震を掲載した。
　　　 2 関東地震の死者・行方不明者数は、理科年表（2006年版）の改訂に基づき、約142,000名から約105,000名へと変更した。
　　　 3 兵庫県南部地震の死者・行方不明者については平成17年12月22日現在の数値。いわゆる関連死を除く地震発生当日の地震動に基づく建物倒壊・火災等を直接原因とする死者は、5,521名。
　　　 4 東北地方太平洋沖地震については速報値（平成23年5月30日現在）。
　　　　　　　　資料：理科年表、消防庁資料、日本被害地震総覧、緊急災害対策本部資料

表3 ■沿岸市町村の死者・行方不明者及び建物被害数（岩手県・宮城県・福島県）
沿岸市町村の被害（岩手県）

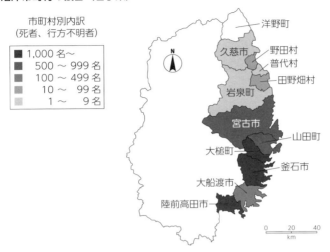

沿岸市町村	市町村人口	浸水範囲内人口	死者（名）	行方不明者（名）	建物倒壊数（棟）
洋野町（種市町、大野町）	17,823	2,733	0	0	26
久慈市（久慈市、山形村）	36,568	7,171	2	2	255
野田村	4,613	3,177	38	0	476
普代村	3,071	1,115	0	1	0
田野畑村	3,831	1,582	14	22	270
岩泉町	10,597	1,137	7	0	197
宮古市（宮古市、田老町、新里村、河井村）	58,917	18,378	415	355	4,675
山田町	18,634	11,418	575	296	3,184
大槌町	15,239	11,915	773	952	3,677
釜石市	39,119	13,164	853	452	3,723
大船渡市（大船渡市、三陸町）	40,643	19,073	319	149	3,629
陸前高田市	23,164	16,640	1,506	643	3,341
合計	272,219	107,503	4,502	2,872	23,453

（出典）・市町村人口：岩手県毎月人口推計（平成23年3月1日現在）
　　　　・浸水範囲内人口：総務省統計局（平成23年4月26日）
　　　　・死者、行方不明者、建物倒壊数：岩手県「東北地方太平洋沖地震に係る人的被害・建物被害状況一覧（平成23年5月31日現在）」
※沿岸市町村名の（）内は平成11年度以降の市町村合併前市町村名を記載。

沿岸市町村の被害（宮城県）

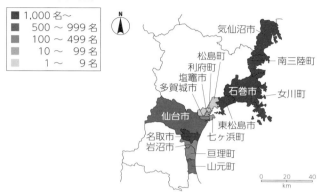

市町村別内訳（死者、行方不明者）
- ■ 1,000 名～
- ■ 500 ～ 999 名
- ■ 100 ～ 499 名
- ■ 10 ～ 99 名
- ■ 1 ～ 9 名

沿岸市町村	市町村人口	浸水範囲内人口	死者（名）	行方不明者（名）	全壊棟数（棟）	半壊家屋数（棟）
気仙沼市（気仙沼市、唐桑町、本吉町）	73,279	40,331	957	532	8,383	1,861
南三陸町（志津川町、歌津町）	17,382	14,389	519	664	3,877	調査中
石巻市（石巻市、河北町、雄勝町、河南町、桃生町、北上町、牡鹿町）	160,336	112,276	3,025	2,770	28,000	調査中
女川町	9,965	8,048	481	550	3,021	46
東松島市（矢本町、鳴瀬町）	42,859	34,014	1,038	198	4,791	4,410
松島町	15,017	4,053	2	2	103	390
利府町	34,249	542	1	2	12	84
塩竈市	56,325	18,718	21	1	386	1,217
七ヶ浜町	20,377	9,149	65	7	667	381
多賀城市	62,881	17,144	186	1	1,500	3,000
仙台市	1,046,902	29,962	699	180	9,877	8,227
名取市	73,576	12,155	907	124	2,676	773
岩沼市	44,138	8,051	180	3	699	1,057
亘理町	34,773	14,080	254	14	2,369	823
山元町	16,633	8,990	671	63	2,103	939
合計	1,708,692	331,902	9,006	5,111	68,464	23,208

（出典）
- 市町村人口：宮城県推計人口（平成 23 年 2 月 1 日）
- 浸水範囲内人口：総務省統計局（平成 23 年 4 月 26 日）
- 死者、行方不明者、全壊家屋数、半壊家屋数：宮城県「東日本大震災の被害等状況一覧（平成 23 年 5 月 31 日現在）」

※沿岸市町村名の（ ）内は平成 11 年度以降の市町村合併前市町村名を記載。

沿岸市町村の被害（福島県）

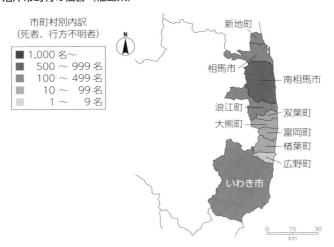

沿岸市町村	市町村人口	浸水範囲内人口	死者（名）	行方不明者（名）	全壊棟数（棟）	半壊家屋数（棟）
新地町	8,176	4,666	94	20	548	
相馬市	37,738	10,436	430	28	1,120	392
南相馬市（原町市、小高町、鹿島町）	70,834	13,377	540	166	4,682	975
浪江町	20,861	3,356	55	125		
双葉町	6,884	1,278	26	9	58	5
大熊町	11,574	1,127	52	5	30	
富岡町	15,959	1,401	8	12		
楢葉町	7,679	1,746	11	2	50	
広野町	5,397	1,385	2	1	102	38
いわき市	341,711	32,520	305	49	5,234	9,037
合計	526,813	71,292	1,523	417	11,824	10,447

（出典）・市町村人口：福島県人口推計（平成23年2月1日）
　　　　・浸水範囲内人口：総務省統計局（平成23年4月26日）
　　　　・死者、行方不明者、全壊棟数、半壊家屋数：福島県「平成23年東北地方太平洋沖地震による被害状況即報（第192報）（平成23年5月31日現在）」
※空欄は被害状況即報に記載なし
※沿岸市町村名の（　）内は平成11年度以降の市町村合併前市町村名を記載。

2 避難生活

1. 避難所の避難者数・避難者数の推移・避難所の避難者（2011/4/10 現在）

表■避難所の避難者数（総括表）

		4月10日 18：00 現在	4月10日 19：00 現在	
		避難者数（※）	避難所数	市町村数
全国計		151,115	2,383	
	岩手県	48,736	373	23
	宮城県	53,412	472	24
	福島県	25,669	245	43
	3 県合計	127,817	1,090	90

※一部、自宅等避難を含む
出典：緊急災害対策本部及び警察庁緊急災害警備本部資料

グラフ■避難者数の推移

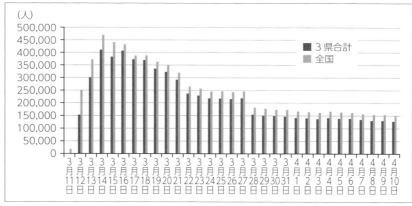

＊警察庁による

資料　189

表■避難所の避難者数

	避難者数（※） 4月10日18：00現在	避難所数 4月10日19：00現在
北海道	703	208
青森県	920	236
岩手県	48,736	373
宮城県	53,412	472
秋田県	558	96
山形県	1,868	46
福島県	25,669	245
東京都	1,204	27
茨城県	805	50
栃木県	1,111	28
群馬県	2,861	57
埼玉県	3,514	49
千葉県	1,382	62
神奈川県	534	70
新潟県	5,390	60
山梨県	828	147
長野県	880	95
静岡県	740	43
合計	151,115	2,364

※一部、自宅等避難を含む
出典：緊急災害対策本部及び警察庁緊急災害警備本部資料

2．3県全避難所に対する実態把握結果について（第4回）

公表版

平成 23 年 5 月 20 日
被災者生活支援チーム

I 概要

1 実態把握結果の概要
 (1) 期間　5月9～13日を基本とする（17日までに回答があったもの）
 (2) 把握箇所　498か所（前回536か所）対象総数885か所（同965か所）

2 総評
 (1) ほぼ全ての項目で、最も良くない選択肢に該当する避難所は減少しており、全般的にみて、避難所の生活環境は改善している。
 (2) 地域別でみた場合、沿岸部で避難所数が多い市町村では、それ以外の地域（内陸部の市町村又は沿岸部で避難所数が少ない市町村）よりも生活環境の改善に遅れがみられていたが、今回、多くの分野で環境が改善している（別添資料参照）。

3 個別項目
 (1) ライフラインが全く復旧していない避難所が2か所（前回2か所）
 (2) おにぎりとパンのみの避難所は0か所（前回1か所）。未だ温かい食事の提供ができていない避難所は2か所（前回3か所）
 (3) 替えの下着がないか、あっても洗濯できず下着が不足している避難所が91か所（前回182か所）
 (4) 間仕切りの希望はあるができてない避難所が50か所（前回108か所）
 (5) 医師の巡回等が十分でない避難所は10か所（前回28か所）
 (6) シャワー・入浴ができていない避難所は0箇所（前回0か所）
 (7) 総合的に見ると、特に著しく厳しい状況にある避難所は0か所（前回0か所）、著しく厳しい状況にある避難所は0か所（前回2か所）、厳しい状況にある避難所は12か所（前回57か所）

Ⅱ 各項目の状況

※（ ）内の箇所数は第4回の数字

(1) 水道・電気・ガス・燃料

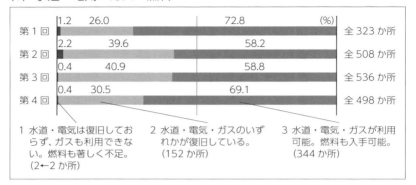

1. 水道・電気は復旧しておらず、ガスも利用できない。燃料も著しく不足。(2←2か所)
2. 水道・電気・ガスのいずれかが復旧している。(152か所)
3. 水道・電気・ガスが利用可能。燃料も入手可能。(344か所)

(2) 食事（5段階）

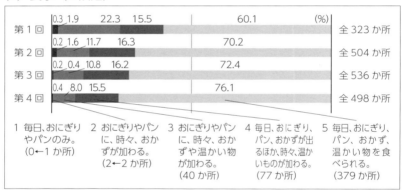

1. 毎日、おにぎりやパンのみ。(0←1か所)
2. おにぎりやパンに、時々、おかずが加わる。(2←2か所)
3. おにぎりやパンに、時々、おかずや温かい物が加わる。(40か所)
4. 毎日、おにぎり、パン、おかずが出るほか、時々、温かいものが加わる。(77か所)
5. 毎日、おにぎり、パン、おかず、温かい物を食べられる。(379か所)

(3) 下着と洗濯

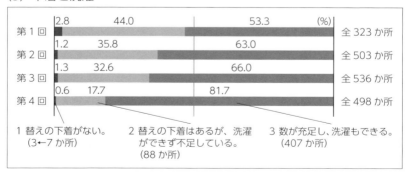

1. 替えの下着がない。(3←7か所)
2. 替えの下着はあるが、洗濯ができず不足している。(88か所)
3. 数が充足し、洗濯もできる。(407か所)

(4) プライバシーの確保

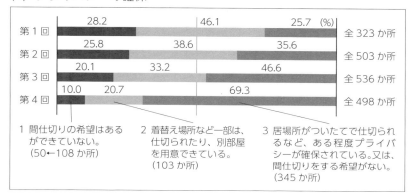

(5) 医師、看護師又は保健師の巡回等

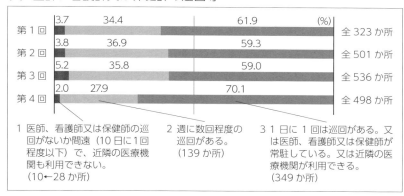

(6) 薬

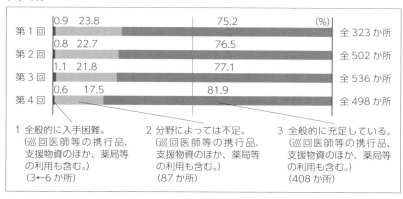

(7) シャワー・入浴

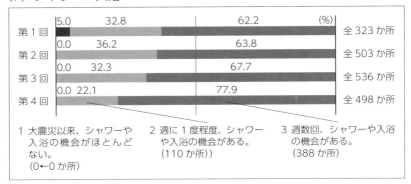

(8) トイレ

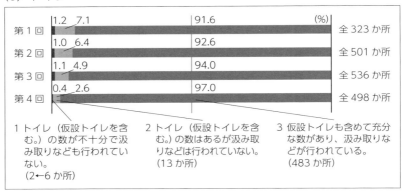

(9) ゴミ処理

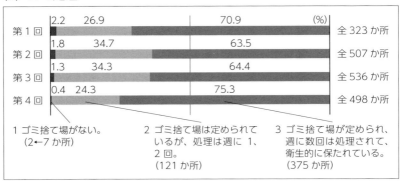

(10) 総合評価（5段階）

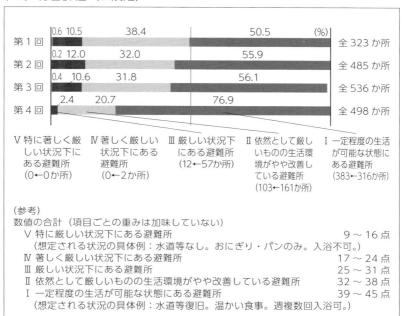

(参考)
数値の合計（項目ごとの重みは加味していない）
　Ⅴ 特に厳しい状況下にある避難所　　　　　　　　　　　　　　　9〜16点
　　（想定される状況の具体例：水道等なし。おにぎり・パンのみ。入浴不可。）
　Ⅳ 著しく厳しい状況下にある避難所　　　　　　　　　　　　　　17〜24点
　Ⅲ 厳しい状況下にある避難所　　　　　　　　　　　　　　　　　25〜31点
　Ⅱ 依然として厳しいものの生活環境がやや改善している避難所　　32〜38点
　Ⅰ 一定程度の生活が可能な状態にある避難所　　　　　　　　　　39〜45点
　　（想定される状況の具体例：水道等復旧。温かい食事。週複数回入浴可。）

復興

1. 東日本大震災からの復興に向けた道のりと見通し
(2017年3月) 復興庁 HP

図■東日本大震災からの復興に向けた道のりと見通し

	集中復興期間 2016.3 (集中復興期間終了時点)	現状 ─────── 17.3	
被災者支援	【避難者数】 17.1万人 (発災直後)47万人	11.9万人 (3月13日現在)	
住まいとまちの復興	【完成戸数】 高台移転　　：43% 災害公営住宅：58% インフラ復旧は概ね終了。 道路・鉄道は一部を除き 概ね復旧	【完成戸数】 高台移転　　：61% 災害公営住宅：80% (2月末時点) ●引き続き加速化措置を推進 ●きめ細やかに市町村を支援	(16年度末見込み)※ 高台移転　　：69% 災害公営住宅：83%
産業・生業の再生	【農業】 営農再開可能面積：74% 【水産加工業】 施設の再開：87% 【観光】 外国人宿泊者数：104% (東北6県)(全国では233%)	営農再開可能面積：83% (9月末時点) 施設の再開：91% (12月末時点) 外国人宿泊者数：127% ※2010年比 (16年速報値)	※2015年度までは、津波被災農地のうち営農再開が可能となった面積の割合。2016年度からは、津波被災農地から農地転用された農地等を除いて算定したものに変更。
福島の復興・再生	【県全体の避難者】 9.7万人 (ピーク時)16.4万人 田村市、川内村(一部)、 楢葉町で避難指示解除等	7.7万人 (3月27日現在) 葛尾村(一部)、川内村、南相馬市(一部)、 飯舘村(一部)、川俣町、浪江町(一部)で避難指示解除 (富岡町(一部)は、17年4月1日に避難指示解除)	
「新しい東北」の創造	先導的な取組の構築 (13～15年度で計216事業を支援) マッチング等の場づくり		

2017年3月

復興・創生期間

―――― 18.3 ―――― 19.3 ―――― 20.3 ―――― 21.3 →

● 被災者の心身ケア、コミュニティ形成、
「心の復興」等

(18年度末見込み)※　　※2016年9月末時点
住まいの確保に関する
事業が概ね完了

(18年度)　　　　　　　　　　(19年度)
相馬福島道路 一部開通予定※　三陸沿岸道路 一部開通予定※
釜石花巻道路 全線開通予定　　JR常磐線 全線開通予定
※霊山〜相馬間　　　　　　　　※仙台〜釜石間の約9割

● 販路開拓・新商品開発支援
● 観光復興の推進（20年までに東北6県の外国人宿泊者数3倍を目指す（15年比））
● 商店街の本格復旧支援等

● 関係省庁と連携し、除染、インフラ・
　生活関連サービス復旧等

帰還困難区域の復興事業については、
17年度のできるだけ早期に着手

(18.3までに)
復興公営住宅（4,890戸）
の整備完了予定

● 構築したモデルの普及・展開へ重点化等
● 企業・大学・NPOなど民間の人財や
　ノウハウの最大限の活用

(2019) ラグビーワールドカップ
(2020) 東京オリンピック・パラリンピック
(2021.3) 復興・創生期間の終了（復興庁の設置期限）

図■東日本大震災からの復興に向けた道のりと見通し（主な指標－①）

	2011 3月 5月 7月 9月 11月 1月 3月	2012 5月 7月 9月 11月 1月
避難者 （避難者数）	避難所開設　仮設住宅設置　仮設住宅関連の環境整備 仮設住宅概ね完 約47万人　被災3県の避難所　約34万人	
災害廃棄物（がれき）の撤去、及び処分 ※福島県は避難指示区域を除く （がれき処理・処分量）	居住地付近のがれき撤去　仮置場へ運搬 居住地付近のがれき概ね撤去　6%	
（津波堆積物の処理・処分量）	仮置場へ運搬　　　　　　　　4%	
ライフライン・インフラ	応急復旧　概ね復旧	
海岸対策 （被災地区海岸数（501※）のうち本復旧工事に着工した地区の割合）		着工約20%
交通網（直轄国道） （岩手、宮城、福島県内の国道4号、6号、45号の総開通距離（1161km）中、完了済み開通距離の割合） ※福島県の避難指示区域含む	完了約99%	
住宅の自主再建 （被災者生活再建支援金（加算部分）の支給状況）		7.1万件
まちづくり（防災集団移転、区画整理等） （防災集団移転促進事業での計画決定（大臣同意）地区の割合）、（民間住宅等用宅地の供給計画地区数（404地区）、戸数（19,385戸）のうち着工（工事契約）した地区数の割合、及び完成、見込み戸数の割合）	まちづくり計画の策定　防災集団移転促進事業の計画策定 同意約1%	
災害公営住宅 （災害公営住宅の供給計画戸数（30,108戸）のうち着手（用地取得）した割合、及び完成、見込み戸数の割合） ※帰還者向けの災害公営住宅（298戸）は全体計画が未定のため、進捗率には含まない		

＊割合で示している各指標については、事業の進捗等に応じて、各時点で母数や定義が一部異なる。

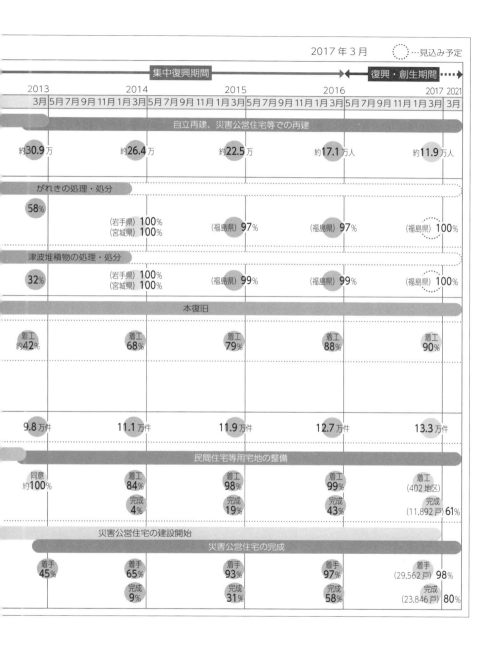

資料

図■東日本大震災からの復興に向けた道のりと見通し（主な指標ー②）

		2011						2012				
		3月	5月	7月	9月	11月	1月	3月	5月	7月	9月	11月	1月
医療施設 （入院の受入制限または受入不可（182箇所）のうち回復した病院の割合）						被災した病院の復旧				90%			
学校施設 （被災公立学校施設（2,319校）のうち、災害復旧事業を完了した学校の割合）						被災した公立学校施設の復旧 教育活動は再開							
農業・水産業 （津波被災農地（21,480ha）のうち、営農再開が可能となった面積の割合（平成28年度からは、津波被災農地から農地転用された農地を除いて算定））						農地の損壊箇所の復旧・除塩等を実施				約38%			
（被災3県で業務再開を希望する水産加工施設（804）の再開状況）										約55%			
地域産業 （被災地域の鉱工業生産指数）		約103 発災前	約70		約95		約100		被災地外の水準まで概ね回復				
（津波前浸水地域に所在する鉱工業事業所の生産額試算値（震災基準年同月比）※水産加工施設等は含まない）			-99%	-76%	-66%	-31%			+20%			-19%	
事業者支援													
（仮設店舗・工場・事務所の整備：竣工ヶ所数 累計）						16ヶ所	224ヶ所		400ヶ所				
（中小企業等グループ補助金による復旧支援：被支援者数 累計）						316者	3,829者		5,779者				
（震災直前の水準以上まで売上が回復していると回答した事業者の比率：グループ補助金交付先へのアンケート）							約29.9%			約32.5%			
（二重ローン対策：債権買取件数 半年ごとの件数）							11件			74件			
（資金繰り支援策の実施状況：融資実績半年ごと、全国）							約2.8兆円	約2.1兆円		約0.7兆円			
個人債務者等対策 （個人版私的債務整理ガイドライン 債務整理の成立件数累計）										10件			

＊割合で示している各指標については、事業の進捗等に応じて、各時点で母数やその定義が一部異なる。

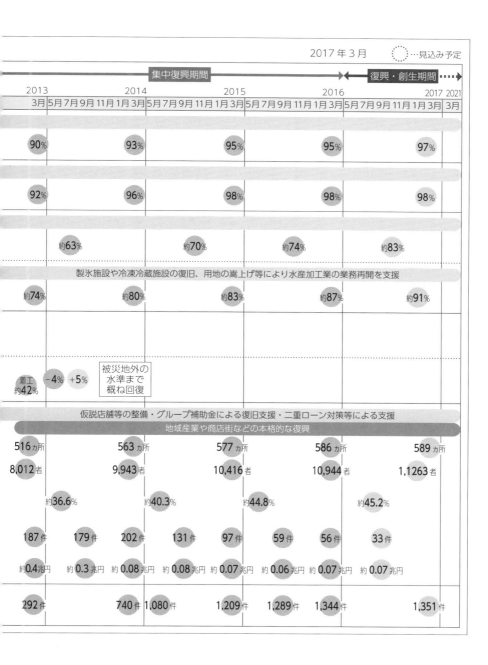

あとがき

　足かけ5年にわたった「ソーシャルワーカーの"声"プロジェクト」は、2016年度をもって終了しました。当初は、ここまで長続きするとは、正直なところ考えていませんでした。福祉系大学経営者協議会の東日本大震災復興支援委員長を仰せつかったとき、第一に考えたのは、大規模自然災害時に起こりがちな「一過性のイベント」に終わることがないようにしたいということでした。

　筆者が本プロジェクトを企画した根底には、神戸市児童相談所（現在の神戸市こども家庭センター）に勤務していたときに遭遇した阪神・淡路大震災の体験があるのではないかと思っています。物資の仕分けや輸送など、およそ福祉支援とかけ離れた業務に明け暮れる毎日でした。公務員として当然なすべき仕事であることは理解していましたが、支援が必要な子どもたちを置き忘れているような感覚にも襲われました。災害支援を行った多くのソーシャルワーカーは、「専門職として何もできなかった」という思いを抱いていることでしょう。一方で、「できなかったことは数多くあるけれども、できたこともあった」という自負ももっていたのではないでしょうか。その「できたこと」に着目し、大規模災害時におけるソーシャルワーカーの姿を浮き彫りにしようとするのが、本プロジェクトのコンセプトでした。

　このプロジェクトの起爆剤になったのは、言うまでもなく東北3県社会福祉士会の皆様方です。疲労困憊のなか、本プロジェクトの意義を認め、積極的にかかわっていただきました。遠方から来た学生をそれこそ友人のように迎えてくださった方々に触れ、学生たちはどれほど勇気づけられたことでしょう。緊張状態のインタビューを終えた学生は、帰路の車中で精力を使い果たした顔をしながらも、ソーシャルワーカーが語った言葉を反芻（はんすう）していました。東北から大学に戻って以降も、時間を忘れてプロジェクトに没頭する学生の原動力は、「圧倒的無力感のなか、被災者の命を静かに守るプロフェッショナルなソーシャルワーカー像」であったに違いありません。そのような学生の日々に接したとき、主体性がな

いと揶揄されがちな若者も、機会と環境を提供すれば驚くような積極性を見せることを再確認させられました。また、東北のソーシャルワーカーを明確な目標として、プロジェクトに参加した学生の多くは、卒業後、福祉の現場で力を発揮しています。

　本プロジェクトは、多くの方々に支えられてきました。そのなかでも、本当に悲しいことですが、本書をお見せすることがかなわずお亡くなりになったお二人のことは忘れられません。

　お一人は、文京学院大学の山村睦先生（当時、日本社会福祉士会会長）です。当初から一緒にさせていただき、第一次派遣には、文京学院大学の学生とともに宮城県へ来ていただきました。津波被害の生々しい爪痕が残るなか、学生とともにフィールドワークを行いました。グループワークのなかで、ある学生が、「ソーシャルワークって何ですか」といった素朴な質問をしたことがありました。困った顔をされながら、丁寧に返答されていた先生。南三陸町の「さんさん商店街」で昼食を摂ることになったときのことです。学生の提案で、数種類ある「キラキラ丼」を手分けしてレポートするという話になりました。じゃんけんをして勝った人から好きな店に入るルールを決めましたが、われ先に好みの店に入ろうとされ、学生にたしなめられた先生。いたずらっ子が叱られたような表情をされていました。今もそのお姿が目に焼きついています。

　もう一人の方は、文京学院大学の総括ディレクターをされていた小野惠市氏です。小野氏は、大学の事務局責任者という重責がありながらも、福祉系大学経営者協議会の事務局を担われ、プロジェクト発足当初から、各大学の調整・補助金の管理など、さまざまな後方支援をしていただきました。プロジェクトの学生が公の場で活動報告をする際、優しい眼差しで、本当に嬉しそうに眺めていた小野氏に、学生を愛する一人の大学人の姿を垣間見ることができました。

　恩人であり、仲間であったお二人のご冥福をお祈りいたします。

　また、なかなか集まらない原稿や校正作業を辛抱強く待っていただき、出版までこぎつけることができたのは、ひとえに中央法規出版の野池隆幸氏のご尽力の賜物でした。こころより感謝を申し上げます。

最後になりましたが、今なお被災地で被災者の活動をされているソーシャルワーカーの方々をはじめ、本プロジェクトにかかわっていただいたすべての方々にお礼を申し上げます。本書がそのような方々のご助力に、少しでも報いることができますれば幸いです。

　ソーシャルワーカーという職種は、ダイナミックで創造性に富んだプロフェッションであると思っています。本書を手にとっていただいた方、特に、ソーシャルワーカーを目指す学生に対して、ソーシャルワークの魅力の一端を伝えることができればと強く願っています。

　　　　　　　　　　　　　　　　　　　関西福祉科学大学　遠藤洋二

監修・編集・執筆者一覧

監修
　福祉系大学経営者協議会

編者
　遠藤洋二（えんどう・ようじ）
　　関西福祉科学大学社会福祉学部教授

　中島修（なかしま・おさむ）
　　文京学院大学人間学部准教授

　家髙将明（いえたか・まさあき）
　　関西福祉科学大学社会福祉学部准教授

執筆者および執筆分担 (五十音順)
　家髙将明（いえたか・まさあき）……第Ⅰ部第2章2-1、第Ⅱ部第4章
　　関西福祉科学大学社会福祉学部准教授

　遠藤洋二（えんどう・ようじ）……第Ⅰ部第1章、第Ⅰ部第3章（共著）、あとがき
　　関西福祉科学大学社会福祉学部教授

　斉藤千鶴（さいとう・ちづる）……第Ⅱ部第8章
　　関西福祉科学大学社会福祉学部教授

　佐々木裕彦（ささき・ひろひこ）……第Ⅰ部第4章4-3
　　一般社団法人岩手県社会福祉士会相談役

　島野光正（しまの・みつまさ）……第Ⅰ部第4章4-2
　　一般社団法人福島県社会福祉士会会長

　高橋達男（たかはし・たつお）……第Ⅰ部第4章4-1
　　一般社団法人宮城県社会福祉士会会長

　中島修（なかしま・おさむ）……第Ⅰ部第2章2-2、第Ⅱ部第3章・5章
　　文京学院大学人間学部准教授

成清敦子（なりきよ・あつこ）……第Ⅰ部第3章（共著）
　関西福祉科学大学社会福祉学部准教授

野尻紀恵（のじり・きえ）……第Ⅰ部第2章2-4、第Ⅱ部第6章
　日本福祉大学社会福祉学部准教授

菱沼幹男（ひしぬま・みきお）……第Ⅰ部第2章2-5、第Ⅱ部第7章
　日本社会事業大学社会福祉学部准教授

丸山悟（まるやま・さとる）……はじめに
　福祉系大学経営者協議会会長、日本福祉大学理事長

山下興一郎（やました・こういちろう）……第Ⅰ部第2章2-3、第Ⅱ部第2章
　淑徳大学総合福祉学部准教授

米村美奈（よねむら・みな）……第Ⅱ部第1章
　淑徳大学総合福祉学部教授

災害ソーシャルワークの可能性
学生と教師が被災地でみつけたソーシャルワークの魅力

2017年9月10日 発行

監　修	福祉系大学経営者協議会
編　著	遠藤洋二・中島修・家髙将明
発行者	荘村明彦
発行所	中央法規出版株式会社
	〒110-0016　東京都台東区台東3-29-1　中央法規ビル
	営　業　TEL 03-3834-5817　FAX 03-3837-8037
	書店窓口　TEL 03-3834-5815　FAX 03-3837-8035
	編　集　TEL 03-3834-5812　FAX 03-3837-8032
	https://www.chuohoki.co.jp/
印刷・製本	株式会社ジャパンマテリアル

定価はカバーに表示してあります。
ISBN978-4-8058-5574-4

本書のコピー、スキャン、デジタル化等の無断複製は、著作権法上での例外を除き禁じられています。また、本書を代行業者等の第三者に依頼してコピー、スキャン、デジタル化することは、たとえ個人や家庭内での利用であっても著作権法違反です。

落丁本・乱丁本はお取り替えいたします。